কৌটোপোরা স্বপ্ন

রাফিয়া সুলতানা

pencil

ISBN 978-93-5458-004-8

Published in India 2021 by Pencil

A brand of
One Point Six Technologies Pvt. Ltd.
123, Building J2, Shram Seva Premises,
Wadala Truck Terminal, Wadala (E)
Mumbai 400037, Maharashtra, INDIA
E connect@thepencilapp.com
W www.thepencilapp.com

Author biography

কবি রাফিয়া সুলতানা:-
জন্ম- ১৯৬৯ সালে ৩রা ফেব্রুয়ারি,পশ্চিমবঙ্গের বীরভূম জেলার সিউড়ী শহরে।পিতা মরহুম গোলাম রেজ্জাক সাঁইথিয়া অভেদানন্দ মহাবিদ্যালয়ে ইংরেজি সাহিত্যে অধ্যাপক ছিলেন।মাতা আখতারুম মণির ছিলেন শিক্ষিকা। সিউড়ী রিভার থমসন গার্লস হাইস্কুলে তাঁর বিদ্যাশিক্ষা।সিউড়ী বিদ্যাসাগর কলেজে পদার্থবিজ্ঞানে স্নাতক ও বহরম ইউনিয়ন ক্রিশ্চিয়ান ট্রেনিং কলেজে বিএড ডিগ্রী লাভ। সিউড়ী সেন্ট্রাল সাবারবার্ন স্কুল ও আরামবাগে শিশুগুচ্ছ স্কুলে কিছুকাল শিক্ষকতার অভিজ্ঞতা । প্রকাশিত কাব্য গ্রন্থ " সন্ধ্যার মেঘমালা ","বাঁধনহারা ঢেউ " ও যৌথ গল্পের বই "বেদনার বালুচরে "। এবং একক গল্পগ্রন্থ " ভাঙা পথের রাঙা ধুলোয় " প্রকাশনার পথে। পশ্চিমবঙ্গ,আসাম,ত্রিপুরা ও বাংলাদেশের বিভিন্ন সাহিত্য সংগঠন কতৃক পদক ও সম্মাননা প্রাপ্তি।

CONTENTS

কৌটোপোরা স্বপ্ন - রাফিয়া সুলতানা

কৌটোপোরা স্বপ্ন
রাফিয়া সুলতানা

কৌটোপোরা স্বপ্ন
রাফিয়া সুলতানা

উৎসর্গ:- আমি আমার সদ্য প্রয়াত প্রিয়বান্ধবী শ্রীমতী টিঙ্কু চক্রবর্তী, যে ছিলো আমার অন্যতম এক অনুপ্রেরণার উৎসস্থল ও সুখদুঃখের ছায়াসঙ্গিনী ,তার সান্নিধ্যের সুখকর ও মাধুর্য্যমণ্ডিত স্বর্ণালী স্মৃতিতে স্নেহার্ঘ্য স্বরূপ আমার এই কাব্যগ্রন্থ "কৌটোপোরা স্বপ্ন" অর্পণ করলাম।

সমস্ত রকম এডিটিং পি'ডি,এফ পেজ পি'ডি,এফ ফাইল মেকার -

স্ব - বাক প্রকাশনী

E-mail- bananipatra200@gmail.com
Phone no -9143098660

কৌটোপোরা স্বপ্ন

রাফিয়া সুলতানা

মুখবন্ধ:-

' ছন্দ-কবিতার রঙিন প্রজাপতি রাফিয়া সুলতানা '
কবি যে গণ্ডীর মধ্যে থাকেন তা কোন বাঁধন নয়,ঠিক যেন রংধনু।

তাঁর সুর-অভিঘাত গুলি সাতরঙে ফুটে ওঠে সময়ের ক্যানভাসে।

তাঁর দেখার চোখ যেন রঙপিপাসু প্রজাপতির।

রাফিয়া সুলতানার প্রতিটি কবিতার আমি মুগ্ধ পাঠক।

যে কবি অনায়াসে লিখতে পারেন “আরো একটু নিলাম ডুবে/অমৃত আস্বাদ “

(অশেষ ধন্যবাদ)। তাঁর চেতনায় যে প্রাপ্তির পূর্ণতা।শত আক্ষেপ শুধুই অক্ষমতা।

কিম্বা যখন পড়ি “পাতাগুলি করে সবে ফিসফিস কেন/ছায়াঘেরা বনখানি থমথমে যেন”

(ফাগুন বিদায় শোক)। সৌন্দর্যের বিদায়ক্ষণে এ যেন চির সবুজ,সচেতনের আহ্বান।

মানবজীবনের কাছেও তা ভীষণ বার্তাবহ।

সৃষ্টির কাছে,সৃষ্টিকর্তার কাছে মানবজীবনের সার্থকতা নিজেকে চেনা।চিনিয়ে দেওয়ার দায়িত্ব নেন কবি তাঁর নিজস্ব উচ্চারণে "পিতার শরীরে ভরলে ক্ষমতা,মা'র বুক মমতায়"(তোমাকে দেখতে পাই)।

বন্ধু-বিয়োগে ব্যথাতুর কবি স্মরণ করেন বন্ধুর দেওয়া উৎসাহ-বাণীর মালা গেঁথে"হবে একদিন নিশ্চয় জেনো/পাহাড় শৃঙ্গ জয়"(বন্ধু বিয়োগে)

প্রাপ্তি-অপ্রাপ্তির নিক্তি তুলায় জীবন মেপে দেখা মানুষের সহজাত প্রবৃত্তি। কবি সেখানে নির্মোহ উচ্চারণে স্পষ্ট করেন ঋষি-পরিভাষা "চাই না বেশি,চাই না বেশি,একটু পাওয়াই থাক"(সন্তুষ্ট)।

প্রতিটি কবিতায় শব্দ ব্যবহারে কোন জটিলতার আশ্রয় নেন নি। নিশ্চিত ভাবে বলতে পারি,' যাহা পাঠকের মনের গভীরে অতি সহজেই প্রবেশিবে ', কবি তাহাই প্রয়োগ করেছেন। একদিকে শব্দের প্রয়োগে স্বাধীনতা খুঁজে পাওয়া,অপরদিকে মানুষের জীবন থেকে শোকের শুকনো পাতা উড়িয়ে দিতে চান বিজলীর আলোকছটা ছড়িয়ে।
কবিতা পাঠের একঘেয়েমী কাটিয়ে তুলতে কবি বেশ কিছু রম্য কবিতার উপস্থাপন করে মুন্সীয়ানার পরিচয় দিয়েছেন।
"করলে শুরু থামতো না তার গল্প বলার ঝোঁক,
শুনতে গিয়ে ভিরমী খেয়ে জোগাড় হবার স্ট্রোক!"(গল্পের গুঁতো)
এমন অসংখ্য পংক্তিমালায় সাজানো রাফিয়া সুলতানার একশো কবিতা সমৃদ্ধ "কৌটো পোরা স্বপ্ন"।

মননশীল পাঠকের অবশ্যই ভালো লাগবে তা।আমার তরফ থেকে রইল অযুত শুভকামনা।

তুষার আহাসান
সাহিত্যিক,সাংবাদিক,সম্পাদক
পদসঞ্চার পত্রিকা

কবি পরিচিতি:-

রাফিয়া সুলতানার জন্ম- ১৯৬৯ সালে ৩রা ফেব্রুয়ারি,পশ্চিমবঙ্গের বীরভূম জেলার সিউড়ী শহরে।পিতা মরহুম গোলাম রেজ্জাক সাঁইথিয়া অভেদানন্দ মহাবিদ্যালয়ে ইংরেজি সাহিত্যে অধ্যাপক ছিলেন।মাতা আখতারুম মণির ছিলেন শিক্ষিকা।

সিউড়ী রিভার থমসন গার্লস হাইস্কুলে তাঁর বিদ্যাশিক্ষা।সিউড়ী বিদ্যাসাগর কলেজে পদার্থবিজ্ঞানে স্নাতক ও বহরম ইউনিয়ন ক্রিশ্চিয়ান ট্রেনিং কলেজে বিএড ডিগ্রী লাভ। সিউড়ী সেন্ট্রাল সাবারবার্ন স্কুল ও আরামবাগে শিশুগুচ্ছ স্কুলে কিছুকাল শিক্ষকতার অভিজ্ঞতা ।

প্রকাশিত কাব্য গ্রন্থ " সন্ধ্যার মেঘমালা ","বাঁধনহারা ঢেউ " ও যৌথ গল্পের বই "বেদনার বালুচরে "। এবং একক গল্পগ্রন্থ " ভাঙা পথের রাঙা ধুলোয় " প্রকাশনার পথে।

পশ্চিমবঙ্গ,আসাম,ত্রিপুরা ও বাংলাদেশের বিভিন্ন সাহিত্য সংগঠন কতৃক পদক ও সম্মাননা প্রাপ্তি।

সূচিপত্র:-

১.আহুতি

এত রূপ দিলে আকাশে সাগরে
পাহাড়ে পুষ্পকাননে,
এত লাবণ্য তনুদেহ জুড়ে
সৃষ্ট মানব-আননে!
দয়ামায়া ভরা তোমার হৃদয়
ক্ষমাসুন্দর কায়া,
জানি না কী সেই যাদুর মাধুরী
কেন এত স্নেহ মায়া !

জানি নাতো কোন সুখের স্বপনে
রচলে এ চরাচর,
কেমনে ঝরাও করুণার বারি
সকল সৃষ্টি 'পর!
এত সচেতন তোমার দৃষ্টি
এত সযতন কাজে,
এই অতন্দ্র প্রহরার করা-
পরিমাপ পারি না যে!

করছো লালন করছো পালন
হাজার সৃষ্টজীব,
কারো প্রতি নেই অবহেলা কোন
হোক না সে যত ক্লীব!
জীবন দিয়েছো, দিয়েছো জীবিকা
দিয়েছো বাঁচার জ্ঞান,
পশুপাখি গাছ করছে নিয়ত
নীরবে তোমার ধ্যান!

করি কত ভুল ত্রুটি অপরাধ

আমি এ অবোধ জন,
করে দাও ক্ষমা তবু অবিরত
করে পাপ নিবারণ!
কৃতজ্ঞ আমি দিয়েছিলে বলে
অনুধাবনের বল,
তাই অনুক্ষণ অনুভব করি
মমতা এ অবিচল !

যদি নেমে অসে জীবনে কখনো
ঝঞ্ঝাক্ষুব্ধ ক্ষণ,
তোমার উপর রাখতে আস্থা
সরে না যেন এ মন!
ধরে রাখো ওই শক্ত মুঠিতে
আমার দুখানি হাত!
দিলাম আহুতি তোমায় এ সত্তা
করে ভূমে প্রণিপাত!

২.বনতলে ভৈরবী

কুহু কুহু কুহু কুহু কোকিলের ডাক,
টুনটুনি বুলবুলি মাছরাঙা কাক-
পিউকাঁহা, বেনে বউ, শ্যামা, টিয়াপাখি
ভোরবেলা দোর খুলে করে ডাকাডাকি!

ভুরভুরে ফুলবাসে ফুরফুরে বায়,
দোলা দিয়ে তরুশাখে আসে আর যায়!
বেল নারিকেল শিশু শিরিষ শিমূল
আম,জাম,মেহগনি ঘিরে দীঘিকূল!

টলটল ছলছল থৈ থৈ জল
খেলা করে ভেসে কই, তেলাপিয়া দল !
দেয় পানকৌড়িরা টুবটুব ডুব,
চরে বসে বক যেন গম্ভীর খুব!

দীঘিঘাটে থালা মাজে বউ বেটি বুড়ি-
ছিপ ফেলে যুবা চুপে মাছ করে চুরি!
কখনো মস্ত রুই কখনো বা পোনা,
ডাহুকের ছানা কূলে করে আনাগোনা!

নীলাকাশে মেঘ ভাসে মিঠে মিঠে রোদ,
সব মিলে হয় বড় মনোরম বোধ!
বনতলে ভৈরবী পূবের হাওয়ায় ,
সাধ জাগে আনমনে গুনগুন গাই!

৩.কচুরিপানা ফুল

নদীর চরে থরে থরে
কচুরিপানা ফুল,
ময়ূর সেকি পেখম তুলে?
চক্ষে দেখি ভুল!

অনাদরে হাওয়ায় নড়ে
মৃদু দোদুল দুল,
দেখিনি তো রঙের বাহার
এ রূপ সমতুল!

যত্নে এতো সাজালো কে
পাইনা ভেবে কূল,
শিল্পী যে তার প্রতিভা তো
নয় অপ্রতুল!

কি প্রয়োজন সৃজনে তার
এমন সৃষ্টিকুল-
বনবাদাড়ে চোখের আড়ে
রঙবাহারী গুল?

বাকরুদ্ধ কীর্তিতে তার,
বুদ্ধিতে এই স্থূল-
পাইনা বুঝে সৃষ্টি এতো
উদ্দ্যেশ্যের মূল!

৪.বনবাসর

বনের কোলে হাওয়ায় দোলে
তরুদলের শাখি,
ফলক নেড়ে বোধহয় কারে
করছে ডাকাডাকি।

সে ডাক শুনে সন্তরণে -
আসছে উড়ে পাখি,
পাতার ফাঁকে খেলছে ঝাঁকে
লুকোচুরিই নাকি!

কলমুখর অষ্টপ্রহর
শাখার পরে থাকি,
বাজিয়ে বেণু ফুলের রেণু
করছে মাখামাখি!

ভ্রমর সখা ফুলের সনে
মেলায় বুঝি আঁখি!
মধ্যে মাঝে মৌমাছিরা
যাচ্ছে মধু চাখি!

পাতায় বাজে হাওয়ার সানাই
ফোটা ফুলের রাখী,
এমন সভায় মন মজে না
হয় কখনো তা কি?

মাতায় আসর বনবাসর
সুগন্ধের ঐ ঝাঁকি!
সূর্য জ্বালায় প্রদীপ মালায়
রইলো কী আর বাকি!

৫.আবেদন

এসেছি তোমার দুয়ারে হে নাথ
তোমার সকাশে এসেছি!
আকাশ বাতাস বনানীর মতো
তোমার প্রকাশে হেসেছি,
তোমার করুণা,তোমার দয়ায়
তোমার আলোয় ভেসেছি!
মহিমায় ওই হয়ে বিগলিত
তোমারে যে ভালোবেসেছি!

যত দেখি তত হই অভিভূত
চরাচর এই সৃষ্টি!
সকলের প্রতি না জানি তোমার
কত না কৃপার দৃষ্টি!
তোমার শক্তি ঝরায় ভক্তি
কৃতজ্ঞতার বৃষ্টি!
তুমি আছো সাথে অনুভবে এই
বিপদেও রই তিষ্ঠি!

দাও আশ্রয় চরণে তোমার
দিও না অধমে সরিয়ে,
তত্ত্বাবধানে সদাই তোমার
রেখো এ জীবন জড়িয়ে!
ঝরণা ধারায় তোমার স্নেহের
দিও এ পরান ভরিয়ে,
হে মহাপ্রাণ ভবতরীখানি

কূলটিতে দাও তরিয়ে!

৬.কৌটোপোরা স্বপ্ন

সারাজীবন জুড়ে ভুবন কখন অন্যমনে,
কত না সাধ উঁকি দিলো হৃদয় বাতায়নে!

সকাল সাঁঝে কাজের মাঝে করলো ডাকাডাকি,
গান শুনিয়ে ঘুম ছুটালো হয়ে অচিন পাখি।

ছোট থেকে রঙবেরঙের ইচ্ছে ছিলো কত,
উড়লো অবচেতন মনে প্রজাপতির মত!

কোনটা বা ঘুমের ঘোরে কোনটা বা জেগে-
ফুলের গায়ে পরাগ হয়ে চিপকে ছিলো লেগে!

বৃষ্টি হয়ে ঝরেছিলো ঝমঝমিয়ে কিছু,
অপূর্ণতার অভিমানে কেউ টেনেছে পিছু!

অকারণে অচেতনে বায়না করে কত,
রাত্রিদিবা জ্বালিয়ে ছিলো এ প্রাণ অবিরত!

কেউ বয়েছে উথালপাতাল ঝড়ের মত বেগে,
কেউ গিয়েছে চিরতরে স্মৃতির পাতায় দেগে!

আগন্তুকের মত কেও চুপটি করে এসে-
দিয়ে গেছে প্রাণের পরশ ফাগুন হাওয়ায় ভেসে!

জুটলো কিছু মিটলো কিছু রইলো কিছু বাকি,

আমি বরং পূরণ হবার আশায় জেগে থাকি!

কিছু আজও অস্তরাগের আলোয় রেঙে সাজে,
বেঁচে আছি আছে বলেই স্বপ্ন মনমাঝে!

থাক না ভরা কৌটোপোরা স্বপ্নগুলো মনে,
যত্ন করে রাখবো তারে সিন্দুকের কোণে!

৭.করবো শুকুর

সবাই যখন শিখর চড়ে
তখন আমার শুরু,
পৌঁছানো কি যাবে কূলে
বুকটা দুরুদুরু!

নাহোক ওঠা পাহাড় চূড়ায়
না হোক বিজয় দেশ,
যতটুকুই পাই না মনে
রাখবো নাকো শ্লেষ!

না যাক পাওয়া হিরেমানিক
নুড়িটুকুই সই!
নাইবা উঠি শীর্ষে নাহয়
মাঝখানেতেই রই!

যতটুকুই প্রাপ্তি হবে
ভাববো মনে বেশ,
এই তো ছিলো বিধির লিখন
কিসের তবে ক্লেশ!

নাইবা হলাম সেরার দলে
রাখবো শেষের দম,
পেলাম হঠাৎ পথের দিশা
সেটাই কিসের কম?

যাক না দেখাই পথের শেষে
প্রাপ্তি আছে কী?
যেটুক পাবো করবো শুকুর
মানস করেছি!

৮.প্রভাতফেরি

শিরশির ক'রে পাতাগুলি কাঁপে
ঝিরঝিরে মৃদু বায়,
তিরতির করে ঢেউগুলি তুলে
দীঘিজল যেন ধায়।
ফুরফুর ক'রে পাখাদুটি নেড়ে
পাখিগুলি বসে শাখে,
কিচিমিচি করে মিছিমিছি যেন
নানাসুরে শুধু ডাকে!

ডালপালাগুলি দুলে দুলে ওঠে
ছন্দের তালে তালে,
প্রভাতের রবি লাল টিপ হয়ে
শোভে আকাশের ভালে!

দুড়দাড় করে পানকৌড়িরা
উড়ে এসে পড়ে জলে,
টুবটুব ক'রে ডুব দিয়ে শুধু
ধরে মাছ কৌশলে!

বনানীর ক্রোড়ে সোনারোদ পড়ে
আলোআঁধারির খেলা,
কোকিলের সুরে ভেসে যাই দূরে
আনমনে যায় বেলা!

ব্যালকনি থেকে আমি যাই দেখে

প্রকৃতির এই রূপ,
প্রভাতফেরি এ চলে মনোহারী
বসে বসে নিশ্চুপ!

৯.বিশ্ব করেছি জয়

ভাবিনি কখনো ভুবনে আমার
স্বর্গ আসবে নেমে-
ভাবিনি পাবো যে এত আহ্লাদ
বিশ্বপিতার প্রেমে !

কোনদিন হবে - ভাবিনি তোমাকে
পাবার এই অনুভব,
পেয়েছি তোমাকে দয়াল স্রষ্টা
পেয়েছি আমি যে সব!

আকাশ আমার বাতাস আমার
প্রকৃতির যত বেশ-
সব যে আমার, আনন্দের এই
হবে কি কখনো শেষ!

এটাই মর্ত্য এটাই স্বর্গ
আর কি আমার চাই,
তোমার বিশ্বচারণে আমি যে
তোমারই পরশ পাই!

তুমি অনুভবে বাইরে ভিতরে
ঘিরেছো চেতনা মন,
আর কিবা থাকে পাওয়ার বাকি
পেলে কেউ এ রতন!

পেয়েছি সকল পেয়ে যে তোমায়,
নাই অভাবের ভয়,
এসেছি ভুবনে, পেয়েছি জীবন -
বিশ্ব করেছি জয়!

১০.সোনালী সে দিন

ভাঙাচোরা নোনা ধরা ইঁটে গাঁথা সারি-
মনে পড়ে ছেলেবেলা, সেই নানাবাড়ি।
বাঁশঝাড়ে ছাওয়া শুধু নদীটির পাড়,
গ্রামখানি ফিরে জানি পাবো নাকো আর!

আম,কুল পিয়ারা ও ভরা আতাগাছে,
হেলে পড়া শাখাগুলি, আজও কি তা আছে?
কুলো নিয়ে ছোটা রোজ উঠে ভোরবেলা,
কুড়াতে বিছানো ঘাসে শিউলির মেলা!

পুকুরের পাড়ে সেই কাঠসীম তলা,
সারাদিন ছিপ ফেলে মাছ ধ'রে চলা !
বসে তার শিকড়েই কখনো উপুড়-
জমিয়ে আড্ডা মারা সারাটা দুপুর!

কখনো বা আনমনে কেটে যেতো বেলা,
বিজন সে নদীতীরে করে অবহেলা!
কাঁঠাল চাঁপার গাছে হলুদ সে ফুল,
পেড়ে তার সুগন্ধে রওয়া মশগুল!

পুকুরের ধারে বাঁধা মাসীটির ঘর,
একাকিনী খাটে যার কাটে অবসর!
কখনো বা হাসি মুখে কাছে নিয়ে ডেকে,
পিয়ারা পাড়িয়ে দেয়,নেয় কিছু রেখে।

হুড়মুড় দৌড়ঝাঁপ নদীটির বুকে,
কত না ঘন্টা তাতে কাটিয়েছি সুখে!
ঝড়ে জলে ছুটে গিয়ে কুড়িয়েছি আম,
গরমে পাইনি টের ,গড়িয়েছে ঘাম!

মনে পড়ে বাতাবি সে গাছটিতে চড়া,
খেলাছলে মাঝপথে ঝাঁপ দিয়ে পড়া!
মই বেয়ে ছাদে ওঠা আরো পড়ে মনে,
সারাদিন টইটই ঘোরা বনে বনে!

আজও দেখি আছে মনে যাইনিকো ভুলে
নদীখানি পার হওয়া নড়বড়ে পুলে!
মুদির দোকানখানি ছিলো বটে দূর,
ফিরতাম গালে ভ'রে ঝাল চানাচুর!

করতাম পারাপার কভু হাঁটুজল,
সাঁওতালপল্লীর পেড়ে ডেলোফল!
কতবার হেঁটেছি যে রেলপথ ধ'রে,
পাথর ফেলেছি জলে, কেবা কত জোরে!

মনে পড়ে ভ্যারেণ্ডাগাছে খাওয়া দোল,
কোঁচা ভরে শাক তুলে ভাতে মাখা ঝোল!
মাঠে বসে হাওয়া খাওয়া চন্দ্রিমা রাতে ,
কত না গল্প করা ভাইবোন সাথে !

মনে পড়ে আরো কত, হবে নাতো শেষ,
ভাবহীন ছেলেবেলা কিযে তার রেশ!
মনেমনে বারবার ফিরে যাই সেথা,
সোনালী সে দিন হায় হারিয়েছি যেথা!

১১.অপরূপ প্রকৃতি

অপরূপ প্রকৃতির তদ্রূপ ভাষা-
ভরে মন পেয়ে তার স্নেহ ভালোবাসা!
না জানি কি পুণ্যে পেয়েছি এ বাসা,
অনুপম দৃশ্যটি সুধা দিয়ে ঠাসা!

শান্ত সে দীঘিখানি থৈথৈ জল,
একধারে বন আর ধারে বহুতল।
সারাদিন পাখিকুল করে কোলাহল,
পাড়ে তার গাছে ঝোলে খেজুরের ফল!

টলমল জলরাশি ঢেউ তুলে ছোটে,
আকাশের ছবিখানি গায়ে যেন ফোটে!
তরুবনে শনশন মর্মর ওঠে,
ঝরে বুঝি কথাকলি বাতাসের ঠোঁটে !

নীল জল নীচে আর দূরে নীলাকাশ,
ঘিরে রয় চারিধারে সবুজের চাষ!
না জানি সে কতরূপ ধরে বারোমাস,
সারাবেলা দেখে তবু মেটে নাকো আশ!

১২.অদ্ভুত অনুভব

কিছু ভালোবাসা নদী হয়ে হৃদে
বয়েছিলো কোনদিন,
মরুপথে শেষে মিশে গিয়ে সে যে
হয়ে গেছে কবে লীন।
কিছু ভালোবাসা বালুকার নীচে
ফল্গুধারার মত-
চোখের অলখে নীরবে নিভৃতে
বয়ে চলে অবিরত।
কিছু আনন্দ অট্টহাসিতে
হয়ে যায় খান খান,
কিছু ঝরে পড়ে নয়নের জলে
ধুয়ে দিয়ে মনপ্রাণ!
কিছু চাওয়া যবে হয়ে যায় পাওয়া
মিটে যায় তার রেশ,
কিছু চাওয়া দেয় - না পাওয়ার মাঝে
প্রাপ্তির সুখাবেশ!
কিছু ব্যথা বুকে হাহাকার হয়ে
করে সব বরবাদ,
কিছু বেদনার মধুর মাদক
দেয় তৃপ্তির স্বাদ!
বড় অদ্ভুত অনুভবগুলি-
বিস্ময়ে ভাবি মনে,
সুখে দুখে ভরা ক্ষুদ্র জীবন
বিচিত্র চিত্রায়নে!

১৩.ফাগুন বিদায়ে শোক

চকচকে সূর্যটি গালভরা হেসে,
ধুয়ে দেয় ধরণীরে বড় ভালোবেসে!
টকটকে কড়া রোদ লেগে তার গায়,
ফাল্গুনী ফুলগুলি ত্বরিতে শুকায়!
নিভৃতে শুখাফুল ঝরে টুপ টুপ,
বড় যেন রুক্ষ এ চৈত্রের রূপ!

ঝকঝকে নীলাকাশে নেই মেঘমালা,
স্থির নীর দীঘি ঘিরে শত গাছপালা!
মৃদু হাওয়া দেয় দোলা ঝরাফুল মূলে,
ছুটোছুটি লুটোপুটি বেমালুম ভুলে!
পাতাগুলি করে সবে ফিসফিস কেন?
ছায়াঘেরা বনখানি থমথমে যেন !

নারিকেল গাছগুলি সারিসারি পথে-
দীঘিটির তীরে রত মৌনতাব্রতে!
মাছরাঙা পিউকাঁহা কোকিলেরা যত-
কী কারণে কলরব করে অবিরত?
সবে লাগে ম্রিয়মান ত্রিভুবনলোকে,
ফাগুন বিদায়ে শোক পড়ে বড় চোখে!

১৪.কোথা গেলো তারা সব

শেয়ার করলাম বছর খানেক আগে করা আমার বাল্যবন্ধুর কন্ঠস্বরে আমার লেখা কথা ও কাহিনীর,আরেক বন্ধুর সৌজন্যে ছবিতে রূপদান

তেরে কেটে ধেধে কেটে তাক্ তাক্ ধিনধিন,
জানি নাতো বুকে ব্যথা, মাথা কেন ঝিনঝিন?
ফোঁড়া করে টনটন, টাকে চুল ফিনফিন!
যাবি কোন যমালয়ে ব্যাটা তুই মেরে বিন?

যেন কোথা গিয়েছিলো কুট্টুস, টিনটিন?
মনে পড়ে গেছে ঠিক, ক্যাপ্টেনও - বুঝি চিন!
প্রদীপটা ঘষে ঘষে দেখছিলো আলাদিন-
হয় কিনা সাফ আর হঠাৎ এলো সে জ্বীন!

নন্টে না ফন্টে সে বলেছিলো একদিন-
কেল্টুদার সাথে করবে ক্রিয়েট সীন!
টেনিদা ও প্যালারাম মজাদার সীমাহীন-
ক্যাবলা বা হাবুলকে ভুলবো না কোনদিন!

অ্যাই তুই বসে বসে কী ভাবিস সারাদিন?
পাগলা সে দাশুটাও আহা কি এভারগ্রীন!
হাঁদা ভোঁদা বাঁটুলদা মিলে স্রেফ জনে তিন-
নাজানি সে করেছিলো ছেলবেলা কি রঙিন!

এখনতো ছেলেপুলে মোবাইলে ডুবে লীন!
টিভিতে খবর শোনা পলি-ট্রিক্স ঘিনঘিন,
আর ধুঁকে শুখে মরা সুগার-ক্রিয়েটিনিন!
কোথা গেলো তারা সব ভেবে বুক চিনচিন?

১৫.গল্পের গুঁতো
(রম্য কবিতা)

কান্তাপিসী খোন্তা নিয়ে দাঁড়িয়ে থাকেন দোরে-
রাস্তা দিয়ে পেরোলে কেউ গল্প শোনান ধ'রে!
কুষ্ঠি দেখে লিস্টি করে গুষ্টিতে তার যত-
ছিলো কুটুম শোনান সবার হিস্ট্রী অবিরত!

কেউ বানাতো উড়োজাহাজ কেউ জাহাজের খোল,
বিখ্যাত কেউ গোলপোস্টে সটান দিতে গোল!
কুস্তিতে কেউ বিশ্বসেরা শিকারী কেউ জাস্ট,
কেউবা ছিলো সাঁতারু এক অলিম্পিকে ফার্স্ট!

বিশ্বযুদ্ধে কেউবা ছিলো প্রধান সেনাপতি,
ম্যাজিশিয়ান সমান কারও হাতের কেরামতি!
শাজাহানের আমলে কেউ আঁকতো চমৎকার,
তাজমহলেই আছে বুঝি হাতের ছাপও তার!

রবিঠাকুর নিয়ম করে যেতেন কারোর বাড়ি,
নিত্যি হতো কম্পিটিশন লম্বা যে কার দাড়ি!
তানসেন তো পাল্লা দিয়েই সাথে যেন কার,
পেয়েছিলেন চরম শরম মেনেই শেষে হার!

করলে শুরু থামতো না তার গল্প বলার ঝোঁক,
শুনতে গিয়ে ভিরমী খেয়ে জোগাড় হবার স্ট্রোক!
তাইতো বলি - সাবধান সব! যেও না ঐ পথে,
দাঁড়িয়ে পিসী দরজা খুলে খোন্তা নিয়ে হাতে !

১৬.জীবন জুড়ায় নিম্নচাপে

পাংশু মেঘে আকাশ ঢেকে-
বৃষ্টি ঝরে থেকে থেকে,
ঢিমে তালে, কখন ঝেঁপে-
দমকা হাওয়ায় খেপে খেপে!
নয়কো খারাপ বেশতো লাগে,
গরম ছিলো ক'দিন আগে!
ভ্যাপসা পচা চিড়বিড়ানো
ছটফটানি দম বেরানো!
তাইতো গেলো হৃদয় তুষি
বৃষ্টি,প্রাণে জাগলো খুশি!
ঠাণ্ডা হলো তপ্ত ধরা,
শীতল হাওয়া মনোহরা!
সন্ধ্যাবেলা দীঘির পুরে-
গান ধরেছে সপ্তসুরে
ব্যাঙের যত জাত প্রজাতি,
বেশ মনোরম কাটলো রাতি!
এলে বলে আসল সময়-
কৃতজ্ঞতা জানাই তোমায়!
জৈষ্ঠ্য শেষের প্রখর তাপে-
জীবন জুড়ায় নিম্নচাপে!

১৭.জটিল ধাঁধার কুটিল ফাঁদ

চাওয়া পাওয়ার অঙ্কে হিসাব
মেলানো যে দায়!
জটিল ধাঁধার কুটিল ফাঁদে
জড়িয়ে জীবনটাই।

বন্ধুর এই চলার পথে
ক্লেশের সীমা নাই,
জীবন য'দিন ভুগতে হবে
নাই লুকানোর ঠাঁই !

চেষ্টা বৃথা মুক্তি খোঁজার
কোথায় যে তা পাই!
মিছেই চাওয়া মুক্ত বাতাস
কোথাও সেটা নাই !

পথ করেছো বন্ধ প্রভু
যেদিক পানে চাই,
সারাজীবন কেটেই গেলো
তোমার পরীক্ষায়!

জানি নাতো মনে তোমার
ইচ্ছা যে কী তাই,
জানতে কী চাও? আর কতকাল
রাখবে সমীক্ষায়!

কী চেয়েছি কী যে পেলাম
ভাবতে সে না চাই,
সান্ত্বনা - আর কিছু না হোক
পেলাম যে তোমায়!

১৮.গোলকবাবুর শোলক
(শিশুতোষ ছড়া)

মেঘলা দুপুর পুকুর জুড়ে জল কে ছলকায়?
একলা খুকু মেখলা প'রে শাপলা বাঁধে পায়।

টাপুর টুপুর বৃষ্টি নুপূর মধুর সুরে গায়!
গন্ধগোকুল সন্দ ভ'রে লাঙ্গুল তুলে ধায়।

কনকচাঁপার গন্ধে বিভোর শীতল পুবের বায়!
বকুল গাছে ব্যাকুল কোকিল উদাস যেন তাই!

দুকূল ছেপে উছল ঢেউয়ে আছড়ে পড়ে নায়,
সুকুল মাঝি আপন মনে নকুলদানা খায়।

নোলক পরে বালিকে বধূ পালকি করে যায়।
যেতে যেতে মুকুট তুলে পুলক ভ'রে চায়!

শালুক ফুলের মুকুল গুলি তালুক জুড়ে ছায়!
ফুলের বাহার মন যেন তার আকুল করে হায়!

বেহারাদের পায়ের তালে ঢোলক বাজে ভাই,
খোলক খুলে শামুক যেন চিবুক তুলে তাই!

চলুক নিয়ে জ্বলুক হিয়ে গলুক হয়ে ছাই-
বলুক যে কেউ, মনের কথা বলতে তবু নাই!

কোন মুলুকের কন্যে যে সে সুলুক যদি পাই
দিয়ে আসি শালুক তুলে গিয়ে যে সেই ঠাঁই।

কুকুর করে ভুকুর ভুকুর দূরের কোন গাঁয়,
ডুকরে কাঁদে কুঁকড়ে যেন কনের কায়াটাই!

পাঁকুড়গাছে কাঁকুড় ঝোলে ঠাকুর পেড়ে প্রায়-
রেঁধে খেয়ে ঢেঁকুর তোলে ঢুকুর ঢুকুর ঢাই।

বালক বরের শ্যালক এসে স্বস্তি যেন নাই,
চালাক বধূ বাপের বাড়ি পালাক যদি চায় !

গিন্নী পাশে উপুড় হয়ে পান সুপারি খায়,
গোলকবাবু শোলক বলে বসে বারান্দায়।

১৯.চলে যাবো একদিন

চলে যাবো একদিন আমিও তো হায়!
ছেড়ে দিয়ে প্রিয় এই পৃথিবীর মাটি,
রয়ে যাবো স্মৃতিপটে ইতিহাস হয়ে-
নেবো নাকো শ্বাস আর ক'রে হাঁটাহাঁটি!

কত ছিলো আপনার বন্ধু স্বজন-
কত কথা হয়েছিলো সকলের সাথে,
সুখেদুখে হেসেকেঁদে কত শত দিন
কেটেছিলো বুঝি কারো হাত রেখে হাতে!

চলে গেছে তারা, তবু কথাগুলি মনে-
থেকে থেকে ওঠে ভেসে বুদ্বুদ হয়ে,
চলে ফেরে সবাইতো ছায়াছবি যেন,
স্মৃতি জুড়ে, সব আছে অবিকল রয়ে!

তাই ভাবি নাই বুঝি অবসর আর-
কাটাবার মত ক্ষণ হেলাফেলা ক'রে,
আগে তার, প্রাণপাখি দিয়ে যায় ফাঁকি
বেঁচে নিই যতটুকু পারি প্রাণ ভ'রে !

চোখ মেলে দেখে নিই আকাশের রঙ-
গাছের ঐ পাতাগুলি, নদীর ঐ ঢেউ,
টেনে নিই ফুলঘ্রাণ, শুনি পাখিগান
বাদ যেন কোনমতে পড়ে নাকো কেউ!

ভুলে যাই শোকতাপ হয়নি যা পাওয়া-
বুঝি তাই কোনদিনও ছিলো না আমার,
খুশিমনে করি ভোগ পেয়েছি যেটুক-

মেনে নিই এটুকুই ছিলো যে পাবার!

রাখবো না অনুতাপ হৃদয়ে কিছুই
মনে মনে এই যেন ঠিক করে যাই-
হয়েছিলো আসা তাই দেখা হলো সব
কারো কাছে কোন আর অনুযোগ নাই!

২০.গরমের গরম
(রম্যকবিতা)

খনখনে রোদ্দুরে ঠনঠনে মাটি,
মাথা ঘোরে বনবন রোডে যদি হাঁটি!

শনশনে বাতাসেতে আগুনের তাপ,
চোখ করে টনটন জলে ওঠে ভাপ!

দোর দিয়ে চোর সেজে ঘরে রই বসে,
চিড়বিড়ে ঘামাচিতে চামড়াটি খসে!

শুয়ে বসে নেই সুখ গরমের চোটে,
ধান যদি পড়ে ভূমে খই হয়ে ফোটে!

সূর্যের চোখে যেন দুনিয়ার রাগ,
বলে,খুব বাঁচা হলো - এইবার ভাগ!

কাঠফাটা রোদে জ্বলে আকাশের তল,
বৃষ্টির দেখা নেই, নেই ফোঁটা জল!

মেঘগুলি মাঝে মাঝে আকাশেতে ভেসে-
চলে যায় চোখ টিপে মিটিমিটি হেসে!

গনগনে আঁচে যদি কিচেনেতে যাই,
মনে হয় যাক চুলো ! পারি কিনে খাই!

বাথরুমে স্নানে গেলে হয় যেন মনে-
হড়হড় জল ঢালি সারাদিন ক্ষণে!

দরদর ঘামে তনু বিদ্যুত গেলে,
সাধ হয়, কেঁদে বাঁচি ছেড়ে দে মা ব'লে!

গরমের গরমেতে হাঁসফাঁস প্রাণ,
ওরে কালবৈশাখী বৃষ্টিটা আন!

২১.পাওয়ার মত পাওয়া

সারাক্ষণই ভাবি নিজে কতই অসহায়,
হলো নাতো কিছুই পাওয়া ভুগছি নিরাশায়!
নিরানন্দময় এই জীবন পাচ্ছি মেনে শোক!
পাওয়ার নেশায় ছুটছি শুধু কাঁদছি বুজে চোখ।

নেই তো স্মরণ কবে কখন কেন যে কোথায়-
দিলো উঁকি কতই যে সাধ হৃদয় কোনাটায় !
একটু ভেবে জীবন খাতা উল্টে দেখি বাহ!
চাওয়া পাওয়ার হিসাব কষা হয়নি কোনোটা।

কৌতুহলে আজকে যখন পিছন ফিরে চাই-
বিস্ময়েতে দেখি দিলে যা চেয়েছি তাই!
ছিলো নাতো আদৌ আমার কোন কিছুর তাক,
রেখেছো ঠিক খেয়াল দেখে হচ্ছি হতবাক !

জানাইনিতো কৃতজ্ঞতা এই জীবনে তবু,
চেয়ে গেছি শুধুই অবোধ আমি যে হে প্রভু !
দিয়েছো যা পরখ করে হয়নি দেখা তা,
হাত পেতেছি শুধুই যখন মন গিয়েছে যা !

মাফ করে দাও দয়াল আমার এমন ভুলের দোষ,
পেলাম যেটুক শুকুর করে রাখবো হৃদয় খোশ!
আর তো কিছু চাই না মালিক তোমায় শুধু চাই,
বুঝেছি সে পাওয়ার মত পাওয়া কিছুই নাই!

২২.যথাযথ জীবন

আজ আছি, থাকবে কি কালও এই শ্বাস?
উঠে গেছে জীবনেরই 'পরে বিশ্বাস!

চারিদিকে ছড়াছড়ি গড়াগড়ি লাশ,
জলে ভাসে ঠিক যেন খড়কুটো ঘাস!

শোকতাপ হাহাকারে দূষিত বাতাস,
শিয়াল কুকুর কাক ঘিরে চারিপাশ!

হা মানব এই যদি পরিণতি পাস,
এ জীবনে কিবা আর করিস প্রত্যাশ ?

যতটুকু আয়ু আছে ভুলে সব ত্রাস,
পরিহার কর লোভ,হিংসা প্রয়াস!

সবিনয়ে শুভকাজে রচে পরিভাষ,
আয়! করি - বাকি আয়ু পরহিতে চাষ!

থাকবে না কোনো ভয় চলে যদি যাস-
জনমনে রবে তোর ছড়ানো প্রকাশ!

রইবে না কোনো খেদ রইবি উদাস,
তুই যাবি হাসিমুখে কাঁদবে আকাশ!

ভেবে পাবি সন্তোষ প্রাণে আশ্বাস,
করা হলো যথাযথ জীবন এ বিকাশ!

২৩.অনুনয়
(রম্য কবিতা)

ওহে বাপু করোনা!
ভনভন হয়ে মাছি-
ঘোরোফেরো কাছাকাছি,
এতটুকু সরো না!
পায়ে কিহে আছে সাঁটা-
ফেবিকুইকের আঠা,
তুমি কেন ঝরো না?

কত লোক মরে গেলো-
পৃথিবীটা নড়ে গেলো,
তুমি তবু নড়ো না!
স্যানিটাইজ করে গেলো-
দেশে ভ্যাকসিন এলো
তুমি তবু মরো না!

এত কেন ভালোবাসা,
শুধু ঘুরে ফিরে আসা!
আন গ্রহে চরো না!
যদি মনে এত টান,
আইঢাই করে প্রাণ-
কৃপাটুকু করো না!

কত খুনি কত পাপী-
ক'রে ফেরে দাপাদাপি,
ঝুলিটাতে ভরো না!
আছে চোর জোচ্চোর,
আততায়ী ঘুষখোর-

সাথে তার লড়ো না!

দেশে আছে যত বদ-
চাল সব ক'রে রদ,
ঘাড়ে তার চড়ো না।
দূর করো যত পাপ,
দুনিয়াটা ক'রে সাফ-
তুমি কেটে পড়ো না!

২৪.অদ্ভুত সৃষ্টি

আকাশের বুকে যথা মেঘেদের ভাসা
অতীতের স্মৃতি তথা করে যাওয়া আসা!
সুখে দুখে ভরা কত স্মৃতি ভেসে এসে-
জড়ো হয়,ছিলো যেন কোন দূর দেশে!

যেমনটি ঝ'রে পড়ে বৃষ্টির জল,
কিছু স্মৃতি আঁখি করে অশ্রু সজল!
মেঘ ফুঁড়ে উঁকি দেয় যেন রোদ রাশি-
স্মৃতি কিছু ভ'রে তোলে অধরেতে হাসি!

কত ব্যথা জুড়ে থাকে হৃদয়ের কোণে,
কত সুখ লুক করে চাপা থাকে মনে!
অবসরে রই যবে আনমনা বসে,
চুপিসারে আনাগোনা করে তা ধী-কোষে !

কোথায় থাকে যে তারা ঘুমে মিলে মিশে,
পাই না কোনই তল পাই নাকো দিশে!
অদ্ভুত সৃষ্টি এ মগজ মনন,
পাই তত মণি যত করি সে খনন!

২৫.কাঙ্খা

সবুজ বনের মত গাছ হতে চাই,
মেলে দেবো যত কথা পাতায় পাতায়!

ক্লান্ত শ্রান্তজনে দেবো সুখছায়া,
ফলে মূলে ভরে দেবো স্নেহ,প্রীতি,মায়া!

ফুলের সুবাস দেবো দিকে দিকে দেশে,
সুবাতাস ভরে দেবো সারা পরিবেশে।

আশ্রয় দেবো আমি পাখির বাসায়-
ঘোরে যত ভিটেহারা ঠাঁইয়ের আশায়!

শুঁষে নেবো সমাজের বিষাক্ত বায়ু-
বাড়াবো আশ্বাসনে চিতে পরমায়ু!

খরায় আনবো ভূমে ভরসার বারি,
প্রভু হে!আমিও যেন গাছ হতে পারি!

২৬.অদৃষ্ট

ছন্দগুলো লুকিয়ে ছিলো অন্তরালে কার?
রুদ্ধ কপাট খুলে তাকে করলো কেবা বার!

পাহাড় কোলে জমে থাকা দগ্ধলাভার মত,
কেমন করে চূড়া ফুঁড়ে হলো সে নির্গত?

কোন মন্ত্রে মাটির তলে রয়েছিলো গুম!
কোন যাদুকর কাঠির ছোঁয়ায় ভাঙালো তার ঘুম?

অন্ধকার এক কারার ভিতর বন্দী ছিলো নদী,
কে ভেঙে তায় ঝরণা হয়ে ঝরায় নিরবধি!

কোন সে মালীর সিঞ্চনে জল চূর্ণ করে খোলা-
অঙ্কুরিত সুপ্ত আঁটি ছড়ালো ডালপালা?

কার আবেশে মনের কথা হলো কাব্যগাথা-
কালির আঁচড় ভরলো সাদা পাতার পরে পাতা!

ছোঁয়াতে কোন পরশপাথর লোহা হলো সোনা?
অদৃষ্ট সে, হাজিরা যার যায় না হাতে গোণা!

২৭.কবিতা বিকট

(শিশুতোষ ছড়া)

পেন তুলে খাতা খুলে
হিংটিং ছট-
আসে যাই মনে তাই
লিখি চটপট!

আম জাম কাঁচকলা
জোড়াতালি চট,
মাথা ভরে শব্দেরা
করে জ্যাম জট!

বৃষ্টির মত কেউ
পড়ে ফটফট।
বুদ্বুদ হয়ে কেউ
ফোটে ভটভট!

ফুলঝুরি ভুরিভুরি
স্পার্কিং হট!
বনবন ঘোরে কেউ
জমে যায় লট।

যেটা পারি ক্যাচ করি
ছুঁড়ে মারি শট!
হিজিবিজি লিখে যাই
ছোটে তাই ডট।

কত কথা খাবি খায়
চোখের নিকট,
শেষে হেরি আহা মরি
কবিতা বিকট!!!

২৮.ওরা ও আমরা

অবিরাম খেটে চলে নেই অভিযোগ,
থাক নাকো খালিপেট, হোক নাকো রোগ!
তুষ্ট অল্পে, খেদ যায় নাকো শোনা-
দু-চার'শ টাকাকেই ভাবে ওরা সোনা!
জলকাদা ঘেঁটে করে জঞ্জাল সাফ-
সারাদিন কত খেটে, নেই পরিমাপ!

আমরাতো বাস করি চকচকে ফ্ল্যাটে,
ফিটফার ঘুরে ফিরি টাকা পুরে গ্যাঁটে!
তবুও অসন্তোষ,ক্ষোভ শত শত,
পেতে চাই আরো সুখ,হতে উন্নত!
নিজেকে নমিয়ে কভু ওদের ওই দলে-
ভেবেছি কি- কী হতো থাকলে সে স্থলে?

আমি সম্ভ্রান্ত, এতে নেই কোনো-
আমার কৃতিত্ব, মনে রাখি যেন!
বিধির লিখনে পাওয়া এই পরিচয়,
ওরা যে নীচতলার,দোষ তারও নয়!
তাই যেন নিজের এই অবস্থানে-
মনে রাখি সন্তোষ কৃতজ্ঞ প্রাণে !

২৯.কোভিড স্বরূপ অবতার

বুঝিনি এখনো কোভিড আসলে
শাপ না আশীর্বাদ!
না এলে সে রোগ রইতো অজানা
বাঁচার এমন স্বাদ!

কত না তুচ্ছ তাচ্ছিল্যতা ভ'রে
করেছি কালাতিপাত!
এখন বুঝেছি কত সে ভাগ্যে
আসে প্রতি - দিন - রাত!

কাটিয়েছি দিন আগেও অনেক
ক'রে মিছে বরবাদ-
শোকেদুখে রাগে অভিমানে তাকে
দিয়ে শুধু অপবাদ!

কত সুকর্ম রয়েছে করার
দিয়ে এই দুটি হাত,
নাজানি কখন হয় অজান্তে
মৃত্যুর মোলাকাত!

চাইনিকো ক্ষমা কভু অনুতাপে
ক'রে ভুল অপরাধ,
করেনি কখনো তাড়া এরকম
মৃত্যু এ পশ্চাদ!

করিনি আগে তো উপভোগ এত
জীবনের প্রতি ঘাত,
লাগেনি মধুর এতটা কখনো

প্রিয়জনদের সাথ!

হয়নি গুণতে পদেপদে কভু
ভয়াবহ এ প্রমাদ!
দিইনি মূল্য পেয়েছি যেটুকু
জীবনের সে মেয়াদ!

তাই বুঝি শেষে দিতেই শিক্ষা
মারণের এই জাত-
কোভিড স্বরূপ অবতার হয়ে
দেখা দিলো সাক্ষাৎ!

৩০.ক্যাওড়াতলার ব্রহ্মদত্যি

ক্যাওড়াতলার শ্যাওড়াগাছে ব্রহ্মদত্যি পোঁ-
মাছ নিয়ে গেলে তলা দিয়ে হঠাৎ মারে ছোঁ!
তাকিয়ে যখন দেখে উপর - নেই কিছু, ভোঁ ভোঁ!
ভয় পেয়ে লোক লাগায় দৌড় বনবন বোঁ বোঁ!

দুরন্ত নয় শান্ত বড়ই ব্রহ্মদত্যি পোঁ,
দিনদুপুরে চরে শুধুই রোদ্দুরে টোঁ টোঁ!
যখন তখন অট্টহাসে হাঃহাঃ হোঁ হোঁ,
চমকে সবাই থমকে দাঁড়ায় মুখ করে শুকনো!

একটা শুধু বদ অভ্যেস, ব্রহ্মদত্যি পোঁ-
চাঁদনী রাতে কান্না জোড়ে প্যানপ্যান কোঁ কোঁ,
কখন আবার বিষম খেয়ে ভীষণ ধরে গোঁ।
নেই চিন্তা ! রোগখানি তার বেশক পুরনো!

অমাবস্যায় ডিগবাজী খায় সারা শ্মশান ও,
আফিম খেয়ে উল্টো ঝুলে চালায় ঝিমোনো!
হামা টানে মেজাজখানা থাকলে মিয়ানো ,
সাঁঝের বেলায় মাঝে আবার বাজায় পিয়ানো!

নয় দশাসই রোগা পটকা ব্রহ্মদত্যি পোঁ,
হাড় জিরজির চামড়া জড়ো গায়ে ওঠা রোঁ।
হাওয়ার সাথে পাল্লা দিয়ে দৌড়ায় শোঁ শোঁ!
দোষ মাত্র - রক্ত চোষে চকচক চোঁ চোঁ!

৩১.আর কিছু না চাই

ভুট্টাদানা কাঁঠাল কুয়া আতায় বেদানায়,
সুসজ্জিত বীজগুলি তার কেমন সুষমায়!
ধানে গমের শীষে যখন পলক ফেলে চাই,
কত নিঁখুত সাজালে তা- অবাক হয়ে যাই!

কচুরীপানা অপরাজিতা ঝুমকোলতার ফুল
এঁকেছো যা যত্ন করে নেই কো তারও তুল!
সূর্যমুখী নয়নতারায় পাপড়িগুলি তার,
বুনে দিলে যত্নে কত আহা কী বাহার!

মাছরাঙা আর হলদেগুড়ি চন্দনা ময়ূর,
শিল্পকলায় গড়লে তুমি কতই বাহাদুর!
লাল মুনিয়া সবুজ টিয়া কাকাতুয়ার ঝুঁটি,
সাজিয়ে দিলে রঙবেরঙে ছড়িয়ে খুলে মুঠি!

জেবরা হরিণ কাঠবেড়ালী চিতা রয়্যাল বাঘ,
গায়ে দিলে ছিটেফোঁটা ডোরাকাটা দাগ!
হাজার জীবন করলে সৃজন হাজারটা তার রূপ,
কিসের জন্য কাদের জন্য ভেবেই আমি চুপ!

বলবো কত দেখবো কত করবো কত পেশ,
মহৎ তোমার কীর্তিকলাপ হয় না গুণে শেষ!
হে মহীয়ান হে দয়াবান তোমায় যদি পাই,
কসম তোমার বলছি খোদা আর কিছু না চাই!

৩২.গিন্নীর লাগি প্রাণ
(শিশুতোষ ছড়া)

বাঁই বাঁই ছোটো কেন কেনারাম পিল্লাই?
পিছু পিছু বৌ যেন ঝাঁটা হাতে চিল্লায়!
টাকমাথা তাক ক'রে মৌমাছি উড়ছে!
বনবন ভনভন টাক জুড়ে ঘুরছে!

বলো কিহে মই নিয়ে বেলগাছে চড়েছো?
ভুলে নাকি মৌচাকে খোঁচাখুঁচি করেছো?
মধু খেতে বৌ বুঝি ধরেছিলো বায়না?
হিরো হতে বেলগাছে চড়েছিলে তাই না?

রাম রাম! করেছো কী একি অনাসৃষ্টি,
মৌমাছি বাগে পেলে করবে যে ফিস্টি!
হায় হায়! শেষমেশ পড়লে কি ফাঁপরে,
ইষ্টংদেবতার নামধাম জপোরে!

ছুটছো তো ছুটছোই দিকজ্ঞান শূন্য,
না জানি কী করেছিলে ও জনমে পূণ্যি!
যেতে যেতে শতবার ডিগবাজী খাচ্ছো,
আহা ঐ স্হূলদেহে কত ব্যথা পাচ্ছো!

কতবার পড়ে ফের হামা টেনে উঠছো,
সাথে নিয়ে মৌমাছি হঁতকঁত ছুটছো !
মক্ষীর হুলেতেই যাবে বুঝি এই জান!
মন্দ কী দিলে নয় গিন্নীর লাগি প্রাণ!

বাঁচবারে চাও যদি জলে ঝাঁপ মারো হে!
বেঁচে গেলে এ যাত্রা বাপ জপ করো গে-
কানমুলে প্রতিজ্ঞা করতেও ভুলো না,
গিন্নীর কথামতো আর যেন চ'লো না!

৩৩.থেকো সই হৃদি জুড়ে

সই তুমি কোন দেশে বলো চলে গেলে?
অবোধ সে মেয়ে আর আমাদের ফেলে!
চাইলে না পিছু ফিরে চোখদুটি মেলে,
কোন দোষে ভুলে মায়া গেলে অবহেলে?

বলো সই ভুলে রই কেমনে ও মুখ,
মনে ক'রে আঁখি ঝরে ফেটে পড়ে বুক!
ছিলো বাকি কত কথা ভরা সুখ দুখ,
বলি আর কারে বলো,করে গেলে মুক!

এতো স্মৃতি প্রেমপ্রীতি জুড়ে আছে মন,
ছায়াছবি হয়ে ভাসে চোখে সারাক্ষণ!
দিয়ে গেলে খালি করে অন্তঃকরণ-
সেই ফাঁক পুরাবে যে আছে কোন জন?

তোমার সকল কথা আজও বাজে কানে,
এই সেদিনেরও বাণী শুনি যেন গানে!
পাবো নাতো দেখা সখি আর কোনোখানে,
করতে যে বিশ্বাস - মন নাহি মানে!

জোগাবে না বল মনে হৃদয়ে সাহস,
বলবে না, আয় সখি কাছে এসে বোস!
কার কাছে যাবো, মনে জাগে আপসোস-
থেকো সই হৃদি জুড়ে দিল ক'রে খোশ!

৩৪.তুমি শশী নজরুল

ভোরবেলা গায় সপ্তম সুরে
যেমনটি বুলবুল!
দিলে তত ভাষা, দিলে তত সুর
পাইনাকো যার কূল!
আকাশ ছাপায় বাতাস যেমন
বরষা মেঘের চুল!
সাগরে যেমন খেলা করে ঢেউ
ভাসিয়ে তা উপকূল!
ছড়ায় সুরভি ফাগুনে যেমন
আম্রশাখার ফুল!
তোমার গানের সুর মাধুর্য্য
তেমনই হে নজরুল!

জ্যোৎস্না প্লাবনে পূর্ণিমা রাত
যেমন পুলকাকুল,
তেমনই তোমার কাব্য সুরায়
বাঙালিও মশগুল!
বদ্বীপ ফুঁড়ে যেমন বিছানো
ম্যানগ্রোভ শ্বাসমূল,
সাহিত্যে তোমার কবিতাদ্রোহ
যেন তার সমতুল!
একই বৃন্তে দুইটি কুসুম
নাই কোনো তায় ভুল,
রবি যদি হয় রবীন্দ্রনাথ
তুমি শশী- নজরুল!

৩৫.গণ্ডগোল

জলেই জীবন জানি,জলেই মরণ,
যদি না হয় তার বিশুদ্ধিকরণ!

বরষায় বড় ভয় জল দুষণের,
সাবধান না থাকলে ফল ভীষণ এর!

কলেরা টাইফয়েড কিংবা লিভার-
হয়ে তা এফেক্টেড আসবে ফিভার!

ফুটিয়ে তা ভালো করে তবে করো পান,
ক্লোরিন ফ্লোরিন ঢেলে হবে সমাধান!

অধিক বৃষ্টিপাতে আসে যদি বান,
জলের ট্যাঙ্কি সাফে হোক অভিযান।

দোকানের কাটা ফল হতে সাবধান,
মাছি টাছি ঘোরে তাতে হও অবধান!

আম জাম লিচু বা অধিক কাঁঠাল-
খেলেও হবেই তুমি চরম নাকাল!

তাই বলি সবে যেন মেপে জুকে খাও,
নাহলে গণ্ডগোল বাধাবে যে তাও!

৩৬.তোমাকে দেখতে পাই

রঙতুলি দিয়ে এঁকেছো পাহাড় সমুদ্র বনছায়,
কত মনোযোগে ফুলের পাপড়ি ময়ূরের পাখনায়!
সাজালে আকাশ চন্দ্র সূর্য সহস্র তারকায়।
যতদূর চলে দৃষ্টি দেখি যে তোমার সৃষ্টিরাই !

পাখির কন্ঠে ভরে দিলে সুর ফুলসৌরভ বায়!
তৃষ্ণার জল প্রশ্বাসবায়ূ বিনা কোনো পয়সায়!
দিয়েছো দুচোখ নাক কান জিভ অনুভূতি হৃদে কায়,
হে দয়াময় সবখানে আমি তোমায় অনুভবি তাই!

দিনে দিলে আলো কাজ করবার আঁধার ভরা নিশায়-
বিশ্রাম নিতে দিলে এ সুযোগ বলো আর কিবা চাই!
পিতার শরীরে ভরলে ক্ষমতা মা'র বুক মমতায়!
হে মহাপ্রাণ কত দয়া হৃদে, ভেবে কূল নাই পাই!

গায়কেরা গায় সুমধুর গীতি কবি লেখে কবিতায়!
চিত্রকরেরা করে নিবদ্ধ প্রকৃতি অবলীলায়,
নৃত্যশিল্পী করে আলাপন অঙ্গভঙ্গিমায়!
সৃষ্টিকলার মাধুর্য্যে এসব তোমারই নিশানা পাই!

তাজমহলের পাথরের বুক গড়া যে কারুকলায়,
ভেবে হতবাক কত নিপুণতা দিলে সে হস্তটায়!
পাথর গলিয়ে সোনা করে বার, বিদ্যুতে রোশনায়,
কত জ্ঞান তুমি মানবেরে দিলে- অভিভূত হয়ে যাই!

দাওনি পাখনা তবুও বিমানে সে আজ আকাশে ধায়,
ককপিটে যত যন্ত্রের জট ভর্তি জটিলতায়,
বিশত্রিশ তলা পোত ভেসে যায় সাগরে অবলীলায়!
সব কৌশল কীর্ত্তি তাদেরই তোমার স্থিতি জানায়!

হে ক্ষমাশীল মহাপরাক্রম! কত রূপে তুমি হায়,
ভেবে ভেবে আমি হই বিস্মিত, কেন বলে তুমি নাই?
নাইবা থাকলে চোখের সমুখে- দৃষ্টিগোচরতায়,
তবু অনুভবে সকল সময়ে তোমাকে দেখতে পাই!

৩৭.থাক গণতন্ত্র বেঁচে
(রম্যকবিতা)

ভোট এসে গেছে, দেশনেতা সবে-
তাই উঠেছে যে নেচে!
হোক মহামারী বাড়ুক করোনা,
মরুক লোকেরা হেঁচে!

নেই পাতে ভাত? ব্যাবসাও কাত?
জিডিপিও নেমে নীচে?
মরছে শ্রমিক? বাড়ছে বেকার?
কেন লাগো শুধু পিছে?

খেপেছে কৃষক? বুদ্ধু বেশক!
চেঁচামেচি করো মিছে!
চলুক লড়াই দখলে ক্ষমতা,
মরুক জনতা খিঁচে!

থাক অনটন খাক জনগণ-
ঘটিবাটি ভিটে বেচে,
আহা থাক শুধু - যুগযুগ তরে
এ গণতন্ত্র বেঁচে!

৩৮.জীবনযুদ্ধ

ব্যস্ত আমি করতে রক্ষা অস্তিত্বের লড়াই
তাইতো ঘুরে এদিক সেদিক চাইতে খালি ডরাই!

বোঝে না কেউ যাকেই আমি সামনে থেকে সরাই-
কেউ ভাবছে অহংকার ,কেউ বা ভাবে বড়াই!

যার ব্যথা হায় সেইতো বোঝে অন্যে বোঝে থোরাই,
করবো কি আর? নিজেয় নিজের মনোস্তাপে পোড়াই!

দুঃখ যত- হাল্কা মনে কাষ্ঠহেসে ওড়াই,
কাজ তো আমার আপন জগৎ বৃত্তপথে ঘোরাই!

যার যা আসে মনে বলুক -নিজের পথে গড়াই,
লক্ষ্য শুধু ডিঙিয়ে পথ শৃঙ্গ 'পরে চড়াই!

সোজা কি তা? চলার পথতো কণ্টকেতে ভরাই,
চাগিয়ে নিয়ে আলো আশার, জীবন যুদ্ধে জড়াই!

৩৯.অশেষ ধন্যবাদ

রাত ফুরালো আবার হলো
প্রভাত সূর্যোদয়,
দিলো আমায় আরেকটা দিন,
পরম দয়াময়!

দিলে তুমি জীবনে এক
পুনঃ সুযোগ দান,
অপার তোমার করুনাদির
করতে প্রণিধান!

বৃদ্ধি পেলো আয়ু আমার
আরো একটা দিন,
কাটাই বসে শুনে তোমার
গুণগানের বিণ!

দিলে সুযোগ করতে পুণ্য
জড়িয়ে ভালো কাজ,
কৃতজ্ঞ হই দীন জীবন
সফল করি আজ !

তুলেই যদি নিতে আমায়,
হতো না আর দেখা-
তোমার সৃষ্ট রঙিনভুবন,
হয়ে যেতাম একা!

আরো একটু নিলাম ডুবে
অমৃতে আস্বাদ,
পরমপ্রভু জানাচ্ছি তাই
অশেষ ধন্যবাদ!

৪০.মৈত্রী

জৈষ্ঠ্যমাসের অগ্নিক্ষরা প্রখর রবির তাপে-
শুকিয়ে ছিলো জীবন তরুর- খরার অভিশাপে!
হাওয়ায় ভেসে হঠাৎ এসে একটা ফালি মেঘে-
অঝোর ধারায় ভাসলো যখন উঠলো তরু জেগে!
নবীন পাতায় রঙিন ফুলে সাজলো তরুর কায়া,
পেয়েছিলো বলেই সেদিন মেঘের স্নেহচ্ছায়া!

আজকে জীবন সুশোভিত পল্লবিত তরুর,
সরেছে আজ জীবনে তার করাল নজর মরুর!
মেঘের সারি আকাশ বেয়ে যখনই তাই ধায়,
ডালগুলি তার পাতা নেড়ে দুলতে থাকে বায়!
ফুলের সুবাস ছড়িয়ে সে তার জানায় কৃতজ্ঞতা!
ঝরিয়ে বারি জানায় তাকে মেঘও মনের কথা!

ঝ'রে ঝ'রে বাদলবারির যখন অবশেষ,
তরুর পানে তাকায় সে মেঘ করুণ অনিমেষ!
মাটি থেকে জলরাশি শিকড় দিয়ে শুঁষে-
তরু তখন বাষ্প ছাড়ে, হাওয়াতে সে মেশে।
এমন ধারা জমতে থেকে বাড়তে থাকে বেগ,
কলেবরে বৃদ্ধি পেয়ে হাওয়ায় ভাসে মেঘ!

এমনিভাবে একে অন্যের পরিপূরক হয়ে,
মেঘ ও তরু চিরতরে ধরায় গেলো রয়ে!
চলে না যে কারো তাদের এক অন্যকে ছাড়া,
নেমে আসে প্রাণ সংশয় জীবন দিশাহারা!
তরুর যখন কষ্ট বাড়ে মেঘের পড়ে ডাক,
আজন্মকাল মৈত্রী তাদের অটুট হয়ে থাক!

৪১.নিধিরাম সর্দার

(শিশুতোষ ছড়া)

নিধিরাম গায়েন ঐ
বসে বসে ভাগাড়ে-
একমনে গলা সাধে
সারে গামা পাগা রে!

দাঁড়ি নাই কমা নাই
ধরেছে যে রাগা রে,
সারা রাত গেয়ে চলে
শুধু এক নাগাড়ে!

তাই শুনে বিশু খুড়ো
বলে, ওরে জাগা রে!
কে আছিস? পালোয়ান -
বুধোটাকে চাগা রে!

কেউ আবার ডেকে আনে
পাড়ার ঐ তাগাড়ে-
মঙ্গলিয়ান সে
চেঙ্গিস আগারে!

শোন বাছা তুলে কাছা -
ঘুঁষি খান বাগা রে,
জুৎসই গোটা কয়
নিধিটাকে লাগা রে!

তালি দেক গালি দেক-
তবু ওকে ভাগা রে,
যেন তেন প্রকারেণ
কর পার পগারে!

৪২.ঘুষখোর
(রম্য কবিতা)

অ্যাই ব্যাটা ঘুষখোর!
বিড়ি টেনে কোথা যাস?
এর ওর কাছ থেকে
চড়া হেঁকে ঘুষ চাস!
ঘুষ নিস চাকরিতে
স্কুলে হতে ভর্তি,
ঘুষ দিলে দেবতাও
নামে দেখি ধর্তি!

পুলিশ আর ক্রিমিনাল
করে ফেলে চুক্তি,
ঘুষ দিলে কেস থেকে
মিলে যায় মুক্তি।
ঘুষ হসপিটালের
বেডে অ্যাডমিশনে,
ঘুষ দিতে দিতে কেউ
পৌঁছায় শ্মশানে।

ঘুষ দিলে হয়ে যায়
নেতা ফেতা বিক্রী,
মিলে যায় ডক্টর
এমএ বিএ ডিগ্রী!
ঘুষ দিলে হয়ে যায়
পাশটাও নকলে,
এমন কি চলে আসে
রাজপাটও দখলে!

যত খুশি নাও ঘুষ
এতটাকা হবে কী ?
একদিন সব যাবে,
দেখেছো তা ভেবে কি?
পেট পুরে জমা করো,
যাবে নাহে ফেলে কি?
ঘুষ নিতে থাকবেই
কবরেও গেলে কি?

৪৩.নন্দকবির কাণ্ডকারখানা
(শিশুতোষ ছড়া)

সন্ধ্যাবেলা নন্দকবির ছন্দ যদি জাগে-
বন্ধ করে কপাট মাতেন কাব্য অনুরাগে!

অন্ধকারে লিখতে থাকেন পাতার পরে পাতা,
মহানন্দে নাড়তে থাকেন মুণ্ডিত তার মাথা!

সেই দণ্ডে দোরে যদি আঘাত করে কেউ-
মন্দকথায় দেন গালাগাল- ক্রন্দনে ভেউ ভেউ!

কখনো বা ডাণ্ডা তুলে মারতে আসেন ঘা,
ঠাণ্ডা মাথা গরম কখন- কেউ বোঝে না তা!

স্পণ্ডেলাইটিস রোগে ভোগেন সেটাই বুঝি কারণ,
উঠলে রেগে কাছে যে তার ঘেঁষতে জেনো বারণ।

পড়ো যদি কেউ কখনো নন্দকবির খাতা-
বুঝবে না কেউ কোন কবিতার কোনটা মাথা ছাতা!

নন্দকবি বড্ড ভালো, কাব্যে থাকেন মেতে-
ভালোবাসেন মাঝেমধ্যে মণ্ডামিঠাই খেতে।

খাবার সময় যদি তুমি পাশটিতে তার যাও-
ভাণ্ড গোটাই এগিয়ে দিয়ে বলেন,বাছা খাও!

ষণ্ডাগুণ্ডা চেহারা তার লোকটা কিন্তু ভালো,
মনটা খুবই ঠাণ্ডা সাদা, রঙ যদিও কালো।

কেউ যদিবা সুনাম করে তার সে কবিতার,
গলায় তিনি জড়িয়ে ধরেন গজমোতির হার!

কাণ্ডগুলি যদিও আজব, লোকটি নয়কো মন্দ,
কবি তিনি বিরাট মাপের সেই নিয়ে নেই দ্বন্দ্ব!

লেখা হলে পণ্ড শুধু - পাল্টে নিয়ে ভোল
করেন সবই লণ্ডভণ্ড, বাধান গণ্ডগোল!

৪৪.বন্ধুবিয়োগ

পড়বে না তুমি আমার কবিতা
বলবে না সখি আর,
কি করে লিখেছো মনের কথাটি
এমন চমৎকার!
দেবে না আমায় কেউ উৎসাহ
মধুমাখা হাসি মুখে,
অমলিন সেই ভালোবাসা দিয়ে
জড়াবে না ধ'রে বুকে!

বলবে না তুমি আমায় বন্ধু
বাড়ায়ে দুখানি হাত-
থেমো না কখনো চলো গো এগিয়ে,
আসুক নিশীথ রাত!
চড়েছো যখন উচ্চ পাহাড়ে
কোরো নাকো আর ভয়,
হবে একদিন নিশ্চয় জেনো
পাহাড়শৃঙ্গ জয়!

ডাকবে না তুমি আমাকে আবার,
এগিয়ে দেবে না পথে,
হবে নাকো দেখা - হয় না প্রতীতি
মরমে যে কোনমতে!
বন্ধু বলো না কেন এ জনমে
এমনই দিলে গো ফাঁকি?
বন্ধুবিয়োগে মর্মযাতনা

কোথায় লুকায়ে রাখি!

৪৫.ভালোলাগার আবেশ

কিছু ভালোলাগা চিরদিন মনে
ছাপখানি ফেলে যায়,
আজীবন তার দাগটুকু থাকে
স্মৃতির দেওয়ালটায় !
কিছু ভালোলাগা ছায়াছবি হয়ে
ভাসে আকাশের গায়,
চোখে দেখে যারে হাসি জাগে মুখে
অকারণে অযথায়!

কিছু ভালোলাগা হরদম কানে
গুণগুণ করে গায়,
কিছু ভালোলাগা জোছনার মত
ঝ'রে পড়ে আঙিনায়!
কিছু ভালোলাগা বাতাসের মত
আলতো তার ছোঁয়ায়-
সন্তর্পণে হৃদয় গহনে
সোহাগটুকু জানায়!

কিছু ভালোলাগা ভরায় সুবাস
মনের বনানীছায়,
কিছু ভালোলাগা পিছুটান হয়ে-
বারেবার ফিরে চায়!
কিছু ভালোলাগা মৌতাত হয়ে
মাদক মেদুরতায়,
অবসর ভরে- অলস আবেশে,
সুখাচ্ছন্নতায়!

৪৬.পরান টানে

ঘন সবুজ পাতায় ঢাকা
গ্রামবাংলার বন-
গাছের ছায়ায় স্নেহ মায়ায়
হারায় যেন মন!
কমলা সাদা শুকনো কাদা
এবড়োখেবড়ো পথ,
গরু ছাগল চরে বেড়ায়
উড়ে বেড়ায় মথ!

পানায় বোজা খানা ডোবায়
শাপলা শালুক ফুল,
গাঁয়ের বধু কলস কাঁখে
ছড়িয়ে ভিজে চুল,
দুলকি চালে কূলে ফেরে-
হলদে সাদা হাঁস,
ভেসে আসে ঝোপঝাড়েতে
ঘেঁটু, জুঁইয়ের বাস!

ঢোলকলমি, আকন্দ আর
বৈঁচি, শিয়াকুল,
নীলচে সবুজ প্রজাপতি
আনন্দে মশগুল!
শালিক টিয়ার কিচিমিচি-
জংলি গাছের ডালে,
লাউ কুমড়োর গড়াগড়ি
মাচায়, খড়ের চালে!
আমের থোকা,কাঁঠাল ঝোলে
হেথায় হোথায় গাছে,

পুকুরজুড়ে খেলা করে-
দাঁড়কে, চাঁদামাছে!
শনশনিয়ে বাঁশের বনে
বাতাস বাজায় বাঁশি,
পাতায় শাখে ঝিলিক মারে
মিষ্টিরোদের হাসি!

এঁকে বেঁকে গড়িয়ে চলে
রুপোলী সেই নদী,
চোরকাঁটাতে দুপাড় ঢাকা-
নরম ঘাসের গদি!
আমার সোনার গ্রামবাংলা
অনুপ যে তার সাজ,
পরান আমার শুধুই টানে
প্রকৃতির ওই মাঝ!

৪৭.জনতা বিন্দাস

সবাই জানে সকল কিছু
তবুও সাজে বোকা,
জানিনে ভাই কেন এ সাধ
খাবার লেগে ধোঁকা!
জানে সবাই এরা হলো
দিনের ডাকাত চোর!
জানিনে ভাই তবু লোকের
চোখে কেন ঘোর!
জানে সবাই মিথ্যে কথায়
নেইকো এদের জুড়ি,
তবু কেন শখ যে লোকের
দেখতে ছুঁয়ে বুড়ি!
জানে এরা গায়ের জোরে
দিনকে বলে রাত,
তবু কেন হয় যে এদের
কথায় কুপোকাত!
জানে এরা উল্টাবে দেশ
এলে ক্ষমতায়,
তবু লোকের সাধ হয়েছে
দেখতে চেঁখে হায় !
সাধে বলে মরণকালে
বুদ্ধির হয় নাশ!
ঝুলছে খাঁড়া মাথায় তবু
জনতা বিন্দাস!

৪৮.জানি তোমার শপথ

কে বলে হে খোদা মক্কার শুধু কাবাই তোমার ঘর?
তোমার ঘর তো আমি এও জানি আমার এই অন্তর!

পারবো কিনা তা জানিনা করতে তোমার কাবায় হজ-
তোমার সাধনে ছেয়ে থাক মন, সে তওয়াফ তো সহজ!

মনে মনে তাই করি পরিক্রমা তোমার সত্তা ঘিরে,
আল্লাহুম্মা লাব্বায়েক- পড়ে যাবো ফিরে ফিরে!

না করে গ্রহণ তুমি কি পারবে থাকতে ঘুরিয়ে মুখ?
আমার এ যাচনা - তোমার দয়ায় ভরে দাও এই বুক'!

আমি যদি যাই এক পা এগিয়ে কখনও তোমার কাছে-
তুমিও আসবে দশ পা এগিয়ে জ্ঞান সে আমার আছে!

যদি মাঝে মাঝে বিপদেতে ফেলে করতে চাও পরখ,
আমি হাসিমুখে করে তা বরণ মেটাবো তোমার শখ!

তবু কিছুতেই ছাড়বো না জেনো তোমার ও দুটো হাত,
শত দুঃখেও তোমার চরণে করে রবো প্রণিপাত!

হইনা কখনও বিচ্যুত যেন হতে পবিত্র পথ,
ধৈর্য্য ধরলে দেবে প্রতিফল, জানি তোমার শপথ!

৪৯.চলছে আইপিএল

(শিশুতোষ ছড়া)

ঠোকে ব্যাট ঠকঠক টরে টরে টক টক
টেলিগ্রামে টক্কা,
করোনা যাক না হেল চলছে আইপি এল
এদেশে বেমক্কা!

কান খান পেতে শোন দেখেছো কেউ কি কোন
বিরাটের ছক্কা?
ব্যাটে যদি ঠেকে বল পেরিয়ে তা হিমাচল
চলে যাবে মক্কা!

সাবধান! ডাইনের অফস্পিন মঙ্গনের
স্পেলও নয় ফক্কা-
ফস্কে লাগলে বুকে হেল্মেট ভেঙে মুখে
পেতে পারো অক্কা!

সাঁই সাঁই গ'ড়ে বল বাউন্ডারি সীমাতল
চৌকাটা পাক্কা,
পাঁই পাঁই ছোটে খান দৌড়িয়ে নিতে রান-
এক্কা না দোক্কা!

করোনার বাড়াবাড়ি ভোটে কাটা-মারামারি
মিছিলের ধাক্কা,
চাই যাই হয়ে যাক রসাতলে বয়ে যাক
হোক জ্যাম চাক্কা!

হাঁকে যদি ব্যাটে বল স্টেডিয়ামে উড়ে চল-
নাই তবে রক্ষা!

পাখা মেলে ওড়ে যে ও জাগে মনে সন্দেহ
পায়রা কি লক্কা?

হৈচৈ হুল্লোর ডাইনিংএ ওঠে শোর
বাজে ঢোল ঢক্কা!
কে-ই বেশি কেবা কম চলছে সরগরম
তক্কি ও তক্কা!

টিভির সামনে বসে মেতেছে ক্রিকেট রসে
ছেলে বুড়ো বক্কা,
চলছে আইপি এল করোনার ব্ল্যাকমেল
করি না তোয়াক্কা!

৫০.বাসনা বিলাস

এ জীবনে শুধু চাওয়া আর চাওয়া,
চাওয়ার নাইকো শেষ,
কোন চাওয়া হয় পাওয়াতে পূর্ণ
কিছু থাকে অবশেষ!

কোন চাওয়া তবু সময় ভোলায়,
থেকে যায় কারো রেশ।
কিছু না পাওয়ার দুঃখ মরমে
চিরকাল দেয় ক্লেশ!

কোন না পাওয়ায় মনের গভীরে
জাগায় ঘৃণা ও দ্বেষ!
কিছু অপ্রাপ্তি মনে হয় পরে
না পেয়ে হয়েছে বেশ!

কোন না পাওয়াতে শেখায় সহন
ধৈর্য্য অনিঃশেষ,
বিধির অমোঘ বিধান সমীপে
নিজেকে করার পেশ!

যে চাওয়া কেবলই বাসনা বিলাস
পাওয়ার বহির্দেশ,
চাওয়ার মাঝেই যেন সে পাওয়ার
প্রাপ্তির সুখাবেশ!

৫১.দেখে শুনে ক্ষেপে গেছি
(রম্যকবিতা)

চাল নেই চুলো নেই,
ধান ঝাড়া কুলো নেই,
কানে দিতে তুলো নেই,
আগা নেই মূলও নেই!
আছে শুধু ধাপ্পা!
ভুরিভুরি ফুলঝুরি-
ওয়াদা গুলগাপ্পা!

নাম নেই ধাম নেই,
কাজ নেই কাম নেই,
কুল নেই শাম নেই,
কথাটারও দাম নেই,
আছে শুধু ঢক্কা!
ঢকঢক বাজে শুধু-
শুনে পাই অক্কা!

ছাঁদ নেই ছাঁদা নেই,
বাড়া ভাত, রাঁধা নেই,
উন্নতি সাধা নেই,
বলে যেতে বাধা নেই,
আছে শুধু বাতেলা!
তাই শুনে ঘোরে বুঁদ-
চ্যালা যত আঁতেলা!

তিল নেই তেল নেই,
পাশ করা, ফেল নেই,
ঘটে আক্কেলও নেই,
নেই নেই কিছু নেই,
আছে উলম্ফন!
দেখে শুনে ক্ষেপে গেছি-
বেড়ে হৃদকম্পন!

৫২.সস্তায় সুখ

দূরে যেন হর্ণ বাজে প্যাঁক প্যাকঁ প্যাঁক!
ঐ যায় আইসক্রিম, ছুটে গিয়ে দ্যাখ!

পড়ি মরি সবে মিলে দৌড়িয়ে যাই,
দাঁড়াও আইসক্রিম! কিনতে যে চাই।

সাইকেল থেকে নেমে দাঁড়ায় সে কাকু!
সয় নাকো তর যেন সব হাঁকুপাকু!

ঘিরে তাকে ভিড় করে ছেলেরা দাঁড়ায়,
পাঁচ নয়া পয়সায় হাতটি বাড়ায়!

বাক্সটি খুলে কাকু বলে, নেবে কটা?
ভেতরে বরফগুলি মারে যেন ছটা!

কমলা হলুদ সাদা কোনটা বা লাল,
জুড়ায় তেষ্টা জ্বালা ভরে যদি গাল!

যত খুশি তত চুষি কাঠি খানা ধ'রে,
সব হবে মাটি গ'লে পড়ে যদি ঝ'রে!

শোনা যায় নাকো আর গলিতে সে হর্ণ,
ভ'রে আছে স্মৃতিটুকু চুকে সেই ক্ষণ!

চোখে ভাসে আজ সেই হাসিভরা মুখ!
কত যেন সস্তায় ছিলো সব সুখ!

৫৩.বিষ্টুখুড়োর জীবনপৃষ্ঠা

কেষ্টপুরের বিষ্টুখুড়ো ষষ্ঠিতলায় বসে-
জষ্ঠিমাসে কুষ্ঠী দেখেন কাষ্ঠহাসি হেসে !

ঘোষেদের ঐ গুষ্টি এসে দাঁড়িয়ে আছে ঘিরে,
মুষ্টি ভরে বাদামভাজা খাচ্ছে ঘুরেফিরে।

অষ্টাদশী বোষ্টমী এক দোতারাটি নিয়ে-
চলে গেলো গাইতে গাইতে কৃপাদৃষ্টি দিয়ে।

ঘোষবুড়ো যায়- মোষখানি তার আষ্টেপৃষ্ঠে বেঁধে
তাই না দেখে খুড়ো বসেন গালগল্প ফেঁদে!

মোষের দুধে পুষ্টি কত বোঝাচ্ছে তা খুড়ো,
তুষ্ট হয়ে করলো তাকে মহিষটি দান বুড়ো!

রুষ্ট হয়ে ঘোষের বুড়ি করলো এমন তাড়া-
যষ্টি হাতে, যতক্ষণ না হলো সে গ্রামছাড়া!

মোষের জন্য কষ্ট করে গড়েন খুড়ো চালা ,
সকাল সকাল চেষ্টা করেন জোগাড়ে ঘাসপালা।

অবশেষে কর্মক্লিষ্ট অবসন্ন তনে-
কুশন নিয়ে আসন পেতে বসেন যোগাসনে।

খুড়ো হতেন হৃষ্টচিত্ত মোষের দুগ্ধ পানে-
কাটান দিবস নিষ্ঠাভরে ইষ্টনাম গানে!

পিষ্টক হয় নানান রকম খুড়ির হাতের গুণে,

খুড়ো করেন গলাধঃকরণ নিবিষ্ট কায়মনে!

পাড়ার যত দুষ্টুছেলে খুড়োর বাড়ি এসে-
করতো শুধু ফষ্টিনষ্টি কোলটি তার ঘেঁষে!

তেষ্টা পেলে খুড়ি দিতেন বৃষ্টিঝরা পানি-
সৃষ্টিছাড়া গালি দিতেন করলে হয়রানি !

মহিষের ঐ বিষ্ঠা দিয়ে দিতেন খুড়ি ঘুঁটে,
বিক্রী করে সুষ্ঠুভাবে বাঁধেন কড়ি খুঁটে!

কেষ্টপুরের বিষ্টুখুড়ো মিষ্টিপান মুখে,
অবশিষ্ট সময় বিতান জীবনপৃষ্ঠা লিখে !

৫৪.অন্ধভক্তি
(রম্য কবিতা)

লোকে বলে অন্ধভক্ত
জানি না আর কিছু,
চিল নিয়েছে কান শুনলেই
ছুটছি পিছু পিছু!

তাকাই নাকো ডাইনে বামে
চোখ হয় না উঁচু,
দৌড় লাগাই ভেড়ার পালে
করেই মাথা নীচু!

হয় বিশ্বাস যা বলে তাই
দুলাল, বেলাল, পাঁচু,
মন্দভালো নেই বোধজ্ঞান
বুঝলে কিনা- বেচু!

প্রসাদ করি আত্মস্থ-
আম জাম কি লিচু,
বলে যা, পাই সেই আস্বাদ
বুঝি আদপে --- কচু!

৫৫.হয়ো অনাবিল সুখের স্বপন

হয়ো বৈশাখী নিদাঘে বীথির
শ্যামলিমা বীথিকায়।
হয়ো কালোমেঘ ঝেঁপে নীলাকাশ
ঘনঘোর বরষায়!

হয়ো শরতের শেফালি কুসুম
দোদুল্য প্রশাখায়,
হয়ো নিশীথের জ্যোৎস্না প্লাবন
শানবাঁধা আঙিনায়।

হয়ো পাপিয়ার পিউকাঁহা নাদ
সুদূরে যেবা মিলায়!
হয়ো সাগরের বাঁধভাঙা ঢেউ
দুকূলে যা উছলায়।

হয়ো সুশীতল পুবাল বাতাস
ফাল্গুনী নিরালায়।
হয়ো চৈতালী চামেলীর ঘ্রাণ
খুলে রাখা জানালায়।

হয়ো কল্পনাবিভোর আবেশ
বিনিদ্র ভাবনায়,
হয়ো অনাবিল সুখের স্বপন
তন্দ্রালু আঁখিছায়!

৫৬.পিয়নমামার নেশা

কাঁধে ব্যাগ সাইকেল খাকি প্যান্টজামা
মনে পড়ে সেদিনের সে পিয়নমামা!

রোজ বেলা দশটায় নিয়ে গেলে ডাক,
চিঠি আছে নাকি মামা?পাড়তাম হাঁক।

কখনো বা ভাইবোন ছুটতাম পিছু,
ঘাড় নেড়ে জানাতেন,নেই মামা কিছু!

কখনোবা সাইকেল ঠেস দিয়ে গাছে,
হাসিমুখে দাঁড়াতেন বলে- চিঠি আছে !

দুড়দাড় ছুটে গিয়ে দাঁড়াতাম ঘেঁষে ,
হাতে দেন পোস্টকার্ড নয় খাম শেষে !

পড়ে যেতো কাড়াকাড়ি চিঠি খানি নিতে,
যেন কোন স্বপ্ন সে নীল খামটিতে!

নাকি কোন রাজধন পোরা ঐ খামে,
আগ্রহ সব্বারই - লেখা কার নামে?

তারপর শুরু হতো চিঠিখানি পড়া,
যেন কত রহস্য আছে তাতে মোড়া!

শুধু যার পথচেয়ে থাকা ছিলো কাজ,

বড়ই ব্রাত্য যেন তারা সব আজ!

কেড়েছে সে রোমাঞ্চ মোবাইল ফোনে,
পিয়নমামার নেশা পড়ে বড় মনে !

৫৭.এমন গোঁসাই
(রম্যকবিতা)

এক ছিলো বেচারাম
বেচে শুধু খায়,
ঘটিবাটি ভিটেমাটি
পুঁজি ছিলো যা-ই !
পূর্বজ ছিলো দড়ো
ছিলো জড়ো তাই-
বংশের বাপত্তি
জমিদারীটাই!

গলা ছেড়ে সারাদিন
তারে-নানা গায়,
খায় দায় ঘুম যায়
পা-টি তুলে পায়!
পরে সে যে কিযে খাবে
চিন্তা সে নাই,
এমন বিলাসী লোক
মেলা ভার গাঁয়!

ছেলে মরে ডুবে জলে
অসুখে বালায়-
নেই তার হেলদোল
কাটে নাকো রা-ই !
পড়শিরা যদি কিছু
বলতেও যায়,

কটমট করে শুধু
তার দিকে চায়!

যত বড় বিপদ না
চাপুক মাথায়,
তার লা-পরোয়ায়
জুড়ি মেলা দায় !
তার সম বাহাদুর
আর কোথা পাই?
পেলো কি কপালে দেশ
এমন গোঁসাই!

৫৮.ফেল-বিনা সুপারিশ

চোপরও বেয়াকুফ! ফের বেঁড়ে তক্ক?
হয়েছো দেখছি বেশ ইঁচড়েই পক্ক!

টেকসই সবচেয়ে কুমীরের চামড়াই,
চাটনিতে খেতে ভালো আম থেকে আমড়াই!

মরিচের গুঁড়োতেও হয় ভালো নস্যি,
গরমেতে জুৎসই বাসি দইয়ে লস্যি!

নারকেল ছোবড়ায় ভালো ওঠে ময়লা,
তার চেয়ে বেশি ভালো পোড়া কাঠকয়লা!

বিড়িসিগারেট থেকে ভালো পানজর্দা,
ঘুষে নাকি আরো নেশা, বিনা চোখে পর্দা!

কি হবে হে- আজকাল থেকে বেশী ডিগ্রী?
করলে সিণ্ডিকেট মালামাল শিগ্রী!

সম্মান আছে নাকি আজকাল শিক্ষায়?
ফায়দাটা বেশি জেনো নেতাদের দীক্ষায়!

ডুমুরের ফুল কিনা - ইদানীং নকরি,
কাটমানি ছাড়া সব বলির ঐ বকরি!

তাই বলি বাছাধন! পথে এসো এবেলা ,
ফেল- বিনা সুপারিশ,হোক না সে- যে চ্যালা !

৫৯.ভোট নাকি প্রহসন
(রম্য কবিতা)

জিজ্ঞাসু জনগণ - ভোট নাকি প্রহসন?
মনে লাগে খটকা!

ভাষণ আর কুভাষণ প্রতীক সম্ভাষণ
কানে দাগে ঝটকা!
যেন কম্পিটিশন কর যত পিটিশন
ঘাড়ে ধরে মটকা!

দেয় ঝাঁপ তাড়াতাড়ি যেদিকে পাল্লাভারি
গুলি মার - 'থট'কা!
বাদি প্রতিবাদী সেজে রঙ মেখে উঠে স্টেজে
পিণ্ডিটা চটকা!

প্রতিশ্রুতির বাণ শুনেই সন্দিহান-
তুবড়ি না পটকা!
ব'লে যত ঝেড়ে ঝুলি মিছেকথা খোলাখুলি
পাবলিকে ভটকা!

রাহাজানি খুনোখুনি মেরে ধ'রে তুলোধুনি
মগডালে লটকা!
ক্ষমতায় এলে পরে জন-ধন গাব করে
ধনে প্রাণে সটকা!

জিজ্ঞাসু জনগণ - ভোট নাকি প্রহসন?
জাগে মনে খটকা!

৬০.শুধু একটি তিয়াস

ভ্রমরের মত গুণগুণ করে
গাইতে গাইতে আসবো,
দুটি পাখা মেলে নেচে নেচে শুধু
দখিনা বাতাসে ভাসবো,
দূর থেকে শত চোখের আলোয়
খুঁজবো কুঞ্জে কুঞ্জে-
ফুটেছে কিনা সে স্বর্গীয় ফুল
লুকিয়ে কোন নিকুঞ্জে!
নয়নে নয়ন মিলাবে শুধুই
করবো না তারে স্পর্শ,
খুশি মনে আমি ফিরে যাবো নীড়ে
নিয়ে প্রফুল্ল হর্ষ!
এক পলকে শুধু সে আনন
দেখবার অভিলাষ,
বোঝে প্রিয়জন কি সুখ মরমে
দেখার সে প্রিয় হাস!
নেই কোন চাওয়া নেই কোন পাওয়া
শুধু একটি তিয়াস,
আহা কি তৃপ্তি হৃদি অন্দরে
মিটে গেলে সে পিয়াস !

৬১.পাইনাকো ভেবে

যখন আমার চোখে পড়ে কোন
উচ্ছল জলরাশি-
মনে হয় যেন তোমার অপার
করুণাও চলে ভাসি!

ঘুরিফিরি কোন যখন কখনো
বনানীর প্রান্তরে-
ঘিরেছো আমায় স্নেহচ্ছায়ায়
অনুভবি অন্তরে !

যখন ভ্রমণে যাই কোনদিনও
পাহাড়ি সে অঞ্চল -
চোখের সামনে তুমি কি বিশাল
হয় প্রকটোজ্জল!

কত রকমারী পশুপাখি পড়ে
দৃষ্টিগোচরে এই,
ভাবি মনে সবে তোমার দয়ার
সীমার অন্ত নেই !

যখন আমাকে বিমুগ্ধ করে
ফুলের বাহারি রূপ-
হয় প্রতিভাত তোমারও মনের
স্বরূপ সে অপরূপ !

দিগন্ত পারে যখন সুদূরে
চোখ যায় নীলিমায়,
কত ব্যাপৃত তোমার এ সৃষ্টি

অনুভব করি তাই!

বিচিত্র তোমার ব্রহ্মাণ্ডে আমি এ
কত না তুচ্ছ প্রাণ,
ভালোবাসো তবু কত যে, হে প্রভু
ভেবে হই হয়রান !

আপ্লুত আমি পুলকিত আমি
দেখে তোমার এই বেশ,
পাইনাকো ভেবে করবো কিভাবে
গুণগান গেয়ে শেষ !

৬২.যোগাভ্যাসের গুণ

রোজ রোজ করো যদি যোগাভ্যাস-
ডাঁটো হবে হাড় গোড় পেশীকলা মাস!

গাঁটে ব্যথা গিঁটে ব্যথা মাথা ব্যথা যত-
ঘেঁষতে তোমার পাশে খাবে থতমত!

শরীর সবল হয়ে হবে তুমি ফিট,
রোগভোগ করোনাদি হয়ে যাবে টিট!

প্রাণায়াম করো যদি প্রাতে একবার!
ভুড়ি টুরি ঝরে যাবে আছে সেটি যার!

নিয়মিত যোগাসনে হার্ট হবে হার্ড,
শিরাও ধমনী দিয়ে দৌড়াবে ব্লাড!

ফুসফুস পাকাশয় কিডনী লিভার,
ছেড়ে যাবে যত ব্যাধি পগারের পার!

তাই বলি আজ থেকে লেগে পরো সবে,
চিররোগ ভেগে গিয়ে পরমায়ু হবে!

৬৩. মাতৃস্নেহ

গাছগাছালির ছায়া ঘেরা গভীর বনের পাশে-
চরছিলো এক হরিণী তার শাবক নিয়ে, ঘাসে।

এমন সময় চুপটি করে হাজির হলো সেথা-
বৃক্ষগুলির আড়াল থেকে বিরাট দুটি চিতা!

দুইটি ক্রমে এগিয়ে এলো লুকিয়ে গুটি গুটি-
আপন মনে খেলছে যেথায় হরিণশিশু দুটি!

হরিণী সেই চমকে উঠে হঠাৎ পেলো টের,
বাচ্চাকে তার ঘিরে আছে ভীষণ দুটি শের!

মাতা তখন ধরা দিতে নিজেই তাদের কাছে-
এগিয়ে এলো, চিতাদুটি শাবক ধরে পাছে!

ব্যাঘ্রদুটি মওকা পেয়ে শাবকগুলি ছেড়ে,
মায়ের কাছে দৌড়ে এলো দারুণ বেগে তেড়ে!

চেঁচিয়ে মা নিজের ভাষায় বললো শাবকটিকে-
পালাও বাছা শীঘ্র তোমরা গভীর বনের দিকে!

নির্দেশেতে মায়ের শাবক বনের নিকট ধায়,
ততক্ষণে হরিণীও পড়লো ধরা প্রায়।

চিতাও তাকে বাগে পেয়ে কামড়ে ধরে ঘাড়!
নেই ভ্রুক্ষেপ, হরিণী চায় শিশুর দিকে তার!

শাবকদুটি শেষে যখন করলো প্রবেশ বনে,
হরিণী হয় বাঘের শিকার, নিশ্চিন্ত মনে!

বাঁচাতে মা শাবককে তার নিজেই দিলো প্রাণ ,
মাতৃস্নেহ এমনি অতুল, এমনই মহান !

৬৪. সারাদিন রিমঝিম

সারাদিন রিমঝিম নিঃসীম বৃষ্টি
আমি শুধু চেয়ে দেখি অপরূপ সৃষ্টি!

মেঘে ঢেকে চারিদিকে কেমনই সে মায়াময়,
থেকে থেকে ঝেঁকেঝেঁকে ফুরফুরে হাওয়া বয়!

মনে খুশি মুখে হাসি হৃদে জাগে ফূর্তি,
আমি থির বসে রই চেয়ে যেন মূর্তি!

পাখিকুল জড়সড় নেই কোন উদ্যোগ,
নত হয়ে গাছপালা করে যেন উপভোগ!

দীঘিজল টলমল থৈথৈ দুই কূল!
অনুরাগে গদগদ বিবশিত বেয়াকুল!

ছায়াছায়া ঘেরা মায়া আহা কত সুখকর,
লুকিয়েছে অভিমানে মুখভার দিবাকর !

গুরুগুরু ডাক দিয়ে উড়ে যায় উড়োযান ,
নাজানি সে কোন দিশে কত দূরে কোন থান !

সুর তুলে ঝরে চলে ঝিরিঝিরি ঝরণা,
নাচে যেন সেই তালে তরুডালে পর্ণা!

ক্ষতি নেই সারাদিন ঝরে যদি এমনি,
আমি সুখী ধরিত্রী সুখে রয় যেমনি!

৬৫. অতলান্ত সে ভাও

মানে নাতো মন বলে অনুক্ষণ
দাও প্রাণে আরো দাও!
মনপাপিয়া যে ডাকে সারাবেলা
কানে কি শুনতে পাও?

বাতাসের মত ধেয়ে অবিরাম
খোঁজে সে অচিন গাঁও,
সময়ের স্রোতে পাড়ি দিয়ে ফেরে
বেয়ে সন্ধানী নাও!

অকুল পাথারে কাছি ফেলে মাপে
মেলে না দো-এক বাঁও,
পেয়েছে এতো এ অবুঝ হৃদয়ে
অতৃপ্তি কেন তাও?

তুইতো রে মন দিলি স্বাধীনতা
ব'লে- যেথা খুশি যাও,
তবে কেন মরা হয়ে অস্থির?
ফিরে ফের সদা চাও!

কোকিলের মত কুহুতানে কেন
বেহাগের তান গাও?
সানাইয়ের সুরে ভেসে ভেসে দূরে
বেদনায় কাতরাও!

প্রীতির তিয়াসা বুঝিবা এমনই
নেই যার সীমানাও !
যতই সে পায় তত পেতে চায়,
অতলান্ত সে ভাও !

৬৬.বাক্যবাগীশ
(রম্যকবিতা)

নিধিরাম সর্দার
এতো তার দম-
মুখে ছোটে মিশাইল
হর-এক কদম!
কসরত কেরামতি
চলে হরদম,
যত বাগাড়ম্বরে-
কাজে তত কম!
পেটে যদি থাকে খিদে,
টানে যদি যম,
উপদেশ গিলে হবে
সব উপশম!
হবে নাই কেন বলো -
সে যে অনুপম,
ইনিয়েবিনিয়ে বলে
কত না রকম!
শুনতে ভাষণ লোক
করে গমগম,
শিহরণ যেন গায়
করে ছমছম!
বাক শুনে লাগে তাক
খোদার কসম!
বাক্যবাগীশ নামে
ডাকে তাই কওম!

৬৭.রোজার শিক্ষা

পবিত্র রমজানের শেষে
এলো খুশির ঈদ,
এমনি নিয়মনিষ্ঠা দিয়েই
রাখবো ভরে হৃদ!

থাকলে এমন সুশৃঙ্খলায়
পাপের হবে ক্ষয়,
সুষ্ঠু হবে জীবন যাপন,
পরীক্ষাতে জয়!

রইবো সহজ সরল পথে
রইবো ন্যায়ে থিত,
সত্যপথে থাকলে ধর্মে
শক্ত হবে ভিত!

থাকলে মনে তিতিক্ষা ত্যাগ
লোভের হবে লয়-
হবো জয়ী জীবনযুদ্ধে
অন্তরে প্রত্যয় !

বিনম্রতা সঙ্গে নিয়ে
চললে সরল পথ,
তুষ্ট হবেন পরমপিতা,
পুরবে মনোরথ!

প্রভুর পরে আস্থা অটল
আনবে বরাভয়,
দূর হবে দুশ্চিন্তা সকল,
বিপদ সমুদয়!

রোজায় হলো চরম শিক্ষা
পরম দীক্ষালাভ,
আনলো মনে সংযমতার
আধ্যাত্মিক ভাব।

এমনি করেই কৃচ্ছ্র সেধে
খোদায় ক'রে ভয়,
হবো সফল লাভে সুখের
জান্নাত নিশ্চয়!

৬৮.রদ্দিবুড়ি
(শিশুতোষ ছড়া)

আদ্যিকালের রদ্দিবুড়ির
শনের মত চুল,
ধনেশ পাখির ঠোঁটের মত
লম্বা নাকের ঝুল!
কান দুটো তার কুলোর মত
মুলোর মত দাঁত,
রাতদুপুরে দেখলে তাকে
হবিই কুপোকাত!

চোখদুটো তার ডিমের মত
বেরিয়ে বুঝি রয়,
বিভৎস সে ফোকলা দাঁতে
কেলিয়ে যখন কয়!
সরু সরু হাতগুলো তার
লগার মত ঠিক,
ঠ্যাং দুটো তার বকের মত
করে যে লিকলিক!

ঘোমটা দিয়ে আধা হাতের
টেনে শাড়ির খুঁট,
কুঁজো হয়ে চলে যখন
ঠাউর হবে উঁট!
গুষ্টিকুলে কেউ নেই তার
বড়ই যে অদ্ভুত,

কেউ জানে না বয়স কত,
জ্যান্ত না সে ভুত!

কেউ জানে না কোথায় বুড়ি
লুকিয়ে থাকে ঠায়,
অবাধ্যতা করলে মায়ের-
পাকড়ে নিয়ে যায় !
তাইতো বলি খোকাখুকু
লক্ষ্মী হয়ে থাক,
আদ্যিকালের রদ্দিবুড়ি-
পায় না যেন তাক!

৬৯.শব্দ নিয়েছে ছুটি

কী লিখি কী লিখি আজ-
ভেবে নাই পাই কূল!
শব্দেরা ডুব মেরে
ফাঁকি দেয় বিলকুল!
রোজ রোজ ঘাড় ধরে
বোস করি কবিতায়,
ফাঁক তালে আজ বুঝি
সটকেছে সবি তাই!

বেটারা কোথায় গেলি?
আয় দেখি সামনে,
ঝুঁটি ধরে টেনে আনি,
পালাস কে ক্যামনে!
তুলে এনে আগে পিছে
খপ খপ বসাবো,
টিকি এঁটে,দাড়ি সেঁটে
ল্যাজ কারো খসাবো!

পরাবো কাউকে টুপি
কাউকে বা প্যান্ট সার্ট,
চমকাবে কবিতায়
শব্দেরা ফিটফাট!
করবে না ট্যাঁ ও ফোঁ
চুপ করে রইবে,
যেমন বলাবো কথা
তেমনটা কইবে!

কই কারো সাড়া নেই,
সব কেন চুপচাপ?
চারিদিকে শুনশান
ঝাঁপ ফেলা ঝুপঝাপ !
ভেবেছিনু জমে যাবে
ছন্দের ফিষ্টি,
শব্দ নিয়েছে ছুটি?
সেকি অনাসৃষ্টি!

৭০.অভিনব সাধ

মনে বড় সাধ জাগে ধ্রুবতারা হতে,
অপলক পৃথিবীর পানে চেয়ে র'তে!

পারবে না হতে তার চোখের আড়াল,
করবে অনুসরণ সন্ধ্যা সকাল!

চেয়ে রবে যতক্ষণ মেটে নাকো আশ,
যাক কেটে যুগযুগ - বৎসর - মাস !

বলবে না কেউ কিছু, করবে না মানা,
আঁখি যাবে যেথা খুশি মেলে দিয়ে ডানা।

যাও না যতই খুশি যেথা, যতদূর -
খুঁজে নেবে পাড়ি দিয়ে সেই সে সুদূর !

মায়ায় জড়িয়ে কোথা পালাবে তখন?
পিছু নেবে ছায়া সম তার দু'নয়ন!

প্রাণ চায় চেয়ে থাকা, সেকি অপরাধ?
পুরবে কি কভু এই অভিনব সাধ !

৭১.শাসানি
(শিশুতোষ ছড়া)

কোথা গেলি হাঁদারাম
ডুব দিয়ে যাস কই?
দেখি তোর খ্যাঁদা নাকে
মারি ঘুষি জুৎসই!
হাঁড়িমুখ করে শুধু
করা কেন বায়না?
কিলচড় কানমোলা
দেবো কষে আয় না!

নাকে মুখে জল ঝরে
শুধু ছিঁচকাঁদুনি!
মারলো কে খুলে বল
দেবো ঠুঁসে গাদুনি!
বল কেন ঘন ঘন
পিলে তোর চমকায়?
কাছে এসে গায়ে ঘেঁষে-
বল, কেবা ধমকায়?

ঘ্যান ঘ্যান প্যান প্যান
রাত দিন কেন রে?
নাকিসুরে কেঁদে যাস
সাইরেন যেন রে!
এটা চাই সেটা চাই
খাইখাই দিনরাত,
ঠাটবাট এত কেন?
হয়েছো কি বড়লাট?

একদিন ডেকে তোকে-
দেবো ইয়া ধাচুনি,
থেমে যাবে রবদব
লাফালাফি নাচুনি!
চোপরও বেয়াদব!
চাস আবার জানতে?
আমি কেডা? - মাথা মোটা!
দেবো 'খনি সালটে!

৭২.হয় অভিলাষ

সমুদ্র যদি কালি হয় প্রভু
খাতা হয় মহাদেশ-
প্রশংসা তোমার লিখে লিখে তবু
হবে নাকো কভু শেষ!

যত দেখি আমি তোমার সৃষ্টি
আঁখি রয় অনিমেষ-
এত রঙ রূপ করেছো সৃজন
নেই যার পরিশেষ!

যেমন ভয়াল তেমন দয়াল
হে মহান অখিলেশ!
তুমি নিরূপম, কি করে করবো
সে অনুধাবন পেশ!

অসীম তোমার ক্ষমতা মহিম
অকল্পনীয় বেশ,
ভেবে ভেবে হই আমি অভিভূত,
মানি হার অবশেষ!

যতবার সেই ভাবনায় মনে
করেছি অভিনিবেশ-
হয় অভিলাষ পুত সে চরণে
হয়ে যাই নিঃশেষ!

৭৩.গঙ্গাপ্রাপ্তি পুণ্য বিনা
(রম্যকবিতা)

চেঁচায় কেন কথায় কথায় ?
শুধুই গেলো রব !
কি কুক্ষণেই রাজা হলেম
রদ্দিগুলোর সব !
মরছে প্রজা? মরুক গে যাক!
আমার তাতে কী ?
আমি থাকি আমার তালেই,
লাগিয়ে নাকে ঘি !

ভ্যাক্সিন নেই? অক্সিজেনও?
যাকগে, চুলোয় যাক !
ঘুমিয়ে আছি কুম্ভকর্ণ -
তারিয়ে ডেকে নাক !
রাজ্যজয়ই লক্ষ্য আমার,
নেই চালনার দায়।
যেন তেন প্রকারে সব
দখল করা চাই !

মন্ত্রী কোথায়? চাণক্য সে,
নয়কো ফালতু লোক !
পিঁপড়ে ভাসলে বানের জলে-
জাগবে যে তার শোক !
জটিল মাথায় কুটিল বুদ্ধি-
সস্তা মোটেই নয়,

ষড়যন্ত্রেই মিলবে জেনো
আসল পরিচয় !

মাথার ঘায়ে কুকুর পাগল?
হোক না - যাদের শখ !
দশের চিন্তা ঘুম ছুটাবে?
নই সে আহাম্মক !
চাইলে রিলিফ কথায় কথায়-
রাজার কিসের দোষ ?
ফ্রি-তে টিকা ? অসম্ভব সে !
বাড়ন্ত রাজকোষ !

গড়ছি আমি সুরম প্রাসাদ,
ভাড়ারে তাই টান !
তাক লাগাবো বিশ্ববাসীর
এমন সে দালান !
ভিখারী সব দেশবাসীর
কাঁদুনি সবক্ষণ,
বন্ধু যত ক্যাপিটালিস্ট,
তাতেই আমার মন !

দিয়েছি যা শিন্নী প্রসাদ-
সেটাই চেঁটে খাক,
গঙ্গাজলে শুদ্ধি হয়ে
স্বর্গে ভেসে যাক !
সেটাই জানুক বাপের ভাগ্য,
পূর্বজন্ম ফল !
ক'টার জোটে গঙ্গাপ্রাপ্তি-
পুণ্যে এমন বল?

৭৪.বাঁচতে ইচ্ছা

নিজের জন্য কেউ বাঁচে না
বাঁচে অন্যের তরে,
মরমে পাই পরম সে সুখ
সুখ যদি দিই পরে।
কাটিয়ে দিলাম এই আদর্শে
সারাজীবন ঘরে,
ফল কী পেলাম? শূন্য ভাঁড়ার,
হাঁড়ি ঠনঠন করে!

শুধুই দিতে থাকলে বুঝি
ধন্দে সবাই পড়ে,
ভাবে সবই মাঙনা তবে-
আপনা থেকে ঝরে!

শূন্য কলস কেমন করে
অন্য পাত্র ভরে?
দোষ কি যদি অন্তর তাই
বিদ্রোহী রূপ ধরে?

জন্ম সেতো একবারই হয়
বিশ্বচরাচরে,
কখনো তো নিজের জন্য-
বাঁচতে ইচ্ছা করে!

৭৫.ধরলে ধৈর্য্য

আগাছার মাঝে জন্মেছিলো সে
মাধবীফুলের লতা,
ভেদ করে ঘাস মেলেছিলো দুই
নবীন সবুজপাতা।
ছোট ছিলো তাই যেই কাছে যায়
মাড়ায় পায়ের তলে,
গবাদিপশুরা পাতা ছিঁড়ে খায়
অনায়াসে অবহেলে!
যতই গজায় নব কিশলয়
কাটে নাকো একরাত,
মুখে পদতলে চলে তার উপর
অজস্র উৎপাত!
মাধবী মরমে থাকে নিরাশায়
বাড়ে নাকো এক চুল,
ভাবে বুঝি আর এই জনমেতে
কভু ফুটবে না ফুল!
পাশে থাকা এক দেবদারু গাছ
ডেকে বলে নিশ্চুপে,
আমিতো রয়েছি, মাধবী তাকেই
ধরে অবলম্বন রূপে!
তর তর করে বেড়ে ওঠে সে যে
জড়িয়ে ধ'রে সে গাছ,
বিকশিত শত ফুলগুলি শাখে-
করে বাতাসেতে নাচ!
সৌরভে তার ভরে দেবদারু,
সুবাসিত সে লতায়,
পত্রে পুষ্পে শোভিত সে আজ
কেউ না নাগাল পায়!

যতই আসুক দুঃখদৈন্য
কষ্ট দুর্বিপাক-
ধরলে ধৈর্য্য একদিন ঠিকই
ফেরে সকলের লাক !

৭৬.ভাবনা

ঝিনুকের মোতি ভাবে পড়ে পড়ে কূলে-
কবে তাকে জহুরীরা নিয়ে যাবে তুলে,
জুড়ে দেবে মণি রূপে সোনারূপা মাঝে,
স্থান পাবে বহুমূল গহনার সাজে!

শাখা 'পরে পাকাফলে বীজখানি ভাবে,
কবে তারে পাখিকুল মহাসুখে খাবে।
ঠোঁটে করে বয়ে নিয়ে যাবে তার দানা,
ভূমি পেয়ে গাছ হয়ে ফুল হবে নানা !

গুটি বুনে দিন গোণে রেশমের মথ
ভাবে কবে উড়বার পুরে মনোরথ !
পাখা মেলে বিচরণ করা ফুলবনে-
আহা কত সাধ তার মধু আহরণে!

জলধির বুকে বসে ভাবে আনমনা-
মেঘ হয়ে উড়ে যাবে কবে জলকণা,
বাতাসেতে পাড়ি দেবে দেশ হতে দেশে,
ঝ'রে গিয়ে নির্ঝর হবে অবশেষে!

কবিমনে ভাবগুলি হয়ে গীতি গাথা,
তিলতিল করে ভরে কবিতার পাতা।
বই হয়ে প'ড়ে প'ড়ে শেল্ফের কোণে,
ভাবে কবে হবে রাজ- পাঠকের মনে !

৭৭.মাসতুতো ভাই
(শিশুতোষ ছড়া)

চেনো নাকি - ও পাড়ার গদাধর পোদ্দার?
সারাদিন পান খায় - গোপালের জর্দার!
জেনে রাখো সে হলো গে চোরেদের সর্দার,
আড়ি পেতে সব শোনে পিছে থেকে পর্দার!

গদাধর লোক ভালো, সাধাসিধে স্বভাবে,
কোন লোক কী যে হয় পড়লে সে অভাবে!
লোহা -হতে পারে শোলা পাল্লায় ও প্রভাবে।
মোট কথা চোর ব্যাটা, হোক তা সে যেভাবে!

রাতে কেউ দোর থেকে গলাখানি বাড়ালে-
ঝোপ বুঝে কোপ মারে মুখোশের আড়ালে!
পুঁতে রাখে মাটিতে সে টাকাকড়ি সরালে -
মনে ক'রে খোঁজ ক'রো কোন কিছু হারালে!

এমনিতে দেখে তাকে যায় নাকো পাওয়া টের,
চুপচাপ থাকে শুধু, কথা কম হয় বের।
সাত চড়ে নেই রা-বা টনকের হেরফের,
এমন তো দেখি সাধু এ জনমে আমি ঢের !

আসলে চতুর ভারি গদাধর পোদ্দার,
সাথে পেলে হাত করে বড়লোক জোৎদার।
নিদ গেলে সিঁধ কেটে করে সব লুট তার,
ছিঁচকেও হতে পারে, কিংবা পকেটমার!

ভাবছো তো কবে আমি,কার কাছে কি করে-
খোঁজ পাই তবে তার কী যে আছে শিকড়ে?
একবার গেছিলাম কি জানি কি বেঘোরে -
তখনই পেলাম টের দেখে ওকে - শ্রীঘরে !

সেই থেকে বুঝে গেছি তার সে চরিত্র!
কি বললে? আমি তারই মাস্তুতো ভ্রাত্র?
হয়েছিলো যেতে সেথা একবারই মাত্র,
হতে পারি তাই বলে তারই সমগোত্র ?

৭৮.পলিটিক্সের কারবারি

দেশের সেবা করতে নামা
সবাই ব'লে চাচা-
জনগণের মইয়ে চড়ে
ক্ষমতার ঐ মাচা!

তারপর সব গুলিয়ে ফেলে
বাগিয়ে নিয়ে কাছা,
চোখটি টিপে বলে মামু
আপন আখের গোছা!

ক্ষীরটা পোরে নিজের পেটে
ট্যাঁকে নোটের গাছা,
সাকরেদদের ভাগ্যে জোটে
ক্ষীরের হাঁড়ি চাঁছা!

দেশটা নাহয় লাটেই উঠুক
ফাটুক লোকের পাছা,
হাত বুলালেই হবে মাথায়
ব'লে বাবা বাছা!

দেশবাসীর মুরদ তো ঐ
সুত ধরেই নাচা,
মরুক তারা তড়পিয়ে তুই
আপন পরান বাঁচা!

পলিটিক্সের কারবারিদের
এইতো হলো ধাঁচা,
দেখছি সবই চক্ষু মেলে,
রইবো কত কাঁচা?

৭৯.রথের মেলা

রথের মেলা রথের মেলা!
ছুটছে কত লোক,
গড়বে কেমন রথের চাকা-
সবার দেখার ঝোঁক!

কিনবে বাঁশি খেলনা রাশি-
জ্বলছে শিশুর চোখ!
বায়না শুনে গরীব পিতা
গিলছে খালি ঢোঁক!

নুন আনতে পান্তা ফুরায়
নেইতো টাকার থোক,
পাঁপড়ভাজা জিল্পি খেয়েই
মুখের হাসি হোক!

কোথায় মেলা?বুঝবে ঠেলা!
ভুগলে রোগের শোক!
কোভিড বিধি চলছে দেশে
লোভ লালসা রোখ!

৮০.জনমতৃষা

কিছু চাওয়া থাক আজীবন বেঁচে
যুগ যুগ তরে জেগে !
হৃদয়ের কোণে মনের গহনে
তৃষা থাক তার লেগে !

পেয়ে গেলে তা যে মিটে যাবে আশ
মুছে যাবে তার রেশ,
ভরে যাবে প্রাণ শিখা লেলিহান
নিভে হবে নিঃশেষ!

তার চেয়ে ভালো থাকুক জোগানো
সে চাওয়ার দুখভার,
চাওয়ার মাঝে যে হয় পাওয়া খানি
সীমাহীন সুখ তার!

ব্যাকুল বিধুর হিয়া হলে হোক
বেদনায় খান খান,
মথিত গরলে উঠবে অমৃত
জুড়াবে সে সুধা পান !

অনন্তকাল জেগে থাক প্রাণ
চাওয়াকে পাওয়ায় মাগি,
তৃষাখানি থাক আজনমভর
রাগে তার অনুরাগি !

৮১.ভেল্কিবাজি

জৈষ্ঠের দাবদাহে নিপীড়িত কলেবর,
ঘামাচির চিড়বিড়, দেয় ঘাম দরদর!

হেনকালে ভেসে এসে আষাঢ়ের কবুতর-
ছেয়ে ফেলে চারিদিক মেঘে নীল অম্বর!

অনাদরে অপমানে অভিমানে জর্জর -
ঘুমভেঙে ক্ষোভে রেঙে ঢাকে মুখ দিবাকর!

সারাদিন অবিরাম ঝরঝর ঝরঝর-
স্বর্গের গিরি বেয়ে ঝরে যেন নির্ঝর!

তাপাহত ভূমি 'পরে খুশিমনে জলধর -
ভরে নিয়ে কলসেতে ঢালে জল অকাতর!

থেকে থেকে পড়ে বাজ উঠে ডেকে কড়কড়,
জড়সড় জীবকুল ভয়ে কাঁপে থরথর !

ঝলকায় বিদ্যুৎ ঝলসিয়ে চরাচর-
দমকা বাতাসে সব দাপিয়ে বেড়ায় ঝড়!

নিমেষে হিমশীতল পরিবেশ পরিসর
এ যেন ভেল্কিবাজি - কোন সেই বাজিকর?

৮২.হারাই নিরুদ্দেশে

চলনা সখি হারাই দুজন
হাওয়ায় ভেসে ভেসে
মেঘবলাকার বেশে
দূর অজানা কোন দেশে!

চলনা সখি গাইবো কুজন
দুলিয়ে এলো কেশে
উল্লসিত হেসে
বায়ে সুবাস যেমন মেশে!

চলনা সখি সাজবো সুজন
বসবো কাছে এসে
গাছের গোঁড়ায় ঠেসে
কোন বনের ধারে ঘেঁসে!

চলনা সখি সাঙ্গ খুঁজন
পেলাম তোকে শেষে
অনেক অন্বেষে,
এবার- হারাই নিরুদ্দেশে!

৮৩.জীবন পাঠ

ভালোলাগে শোনা- দূর বাঁশরীর সুর
স্মৃতি করে আনাগোনা, আরো সে মধুর!
আনমনে জালবোনা সারা দিনমান,
কল্পনা আল্পনা এঁকে অফুরান!

ডাকবোনা কারে আর সাধবোনা মনে,
পথচেয়ে শ্বাসফেলা মিছে অকারণে!
রবি উঠে দিন আসে, চাঁদ উঠে রাত,
দিয়ে যায় পাঠ - করা জীবনাতিপাত।

নয় ঢাক নয় ঢোল, চলো কোনমতে,
মিলে যাবে বরাতে যা- সময়ের স্রোতে!
চেয়ো নাকো আশাতীত গেয়ো নাকো দুখ,
পেলে যাই তৃপ্তিতে ভরে রাখো বুক!

নিয়তির নিগ্রহে মেনো নাকো হার,
যথা সে সময়ে ঠিক পাবে উপহার!
মনে রাখো শুধু যদি এই কটি বুলি-
পারাবার হবে পার নিয়ে ভরা ঝুলি!

৮৪.ভোটের বাজার
(রম্য কবিতা)

বাদ্যি বাজে বাদ্যি বাজে
টাক ডুমাডুম ডুম,
চারিদিকে হল্লা এতো
কিসের এত ধুম?
এসে গেছে ভোটের বাজার,
তাইতো ছোটে ঘুম!
মন্ত্রী রাজা খাগড়া উলু
সবাই এখন বুম!
দলবদলের চলছে হিড়িক
ছুটছে দুমাদ্দুম!

নীতির বাচন নিমের পাঁচন
মারো গুলি -ঢুম!
কে ছিলো কাল মাথার ছাতা-
ভুলছি বেমালুম!
লাঠালাঠি কাটাকাটি,
হচ্ছে কত গুম!
নেচেছি কাল ভাদুর নাচন
আজকে ঝুমুর ঝুম!
কালকে ছিলো একটা স্লোগান,
আজকে সেটা ডুম!

চাকরি গেলো বাকরি গেলো,
ঘুচলো সবই গ্লুম!
পারিস যত নেতার তত
চরণযুগল চুম!
নেতার ন্যাতা পারলে হতে

আখের হবে ব্লুম!
জোটের খবর ঘোঁটের খবর
ভরাট নিউজ রুম!
একটি খবর- দেশের এখন
দেখছি করে জুম!

৮৫.অজানা সম্পর্ক

বলেছিলে তাকে বলো নাগো মুখে
কেমন এ লাগছে আজ?
কেমনে বলি, সে মুখ ঢেকে বলে,
লাগে যে বড়ই লাজ!
চলেছিলে পথ তোমরা দুজনে
নদীটির সাঁকো ধ'রে,
দেখলাম ফুল ভালোলাগা হয়ে
দুজনার 'পরে ঝরে!
নওতো প্রেমিক নয় সে প্রেমিকা
বন্ধু, বৌ বা স্বামী,
তবু জানি নাকো এই টানগুলি
লাগে কেন এতো দামী!
বইলো বাতাস উড়লো আঁচল
ভাসলো হাসিতে বান,
জ্যোৎস্না পুলকে সবার অলখে
ভরে গেলো দুটি প্রাণ!
আমি শুধু দেখি বিস্ময়ে সেকি
দুটি হৃদয়কে যেই,
পাইনাকো ভেবে কি নাম দেবো যে
সম্পর্কের এই!

৮৬.শপথ

যতই পথ হোক উবর খাবর
ছুটবো আমি ছুটবো,
ছুটবো বারুদ গোলার মত
বাধার প্রাচীর টুটবো!

যতই ছড়াক টুকরো কাঁচের
লোহা হয়ে উঠবো!
ভাসাক না হয় বানের মত
ঢেউয়ের মত জুটবো!

বুনুক পথে শিয়াল কাঁটা
ফুলের মত ফুটবো!
ছড়িয়ে দুধার বিজয় স্মারক
দুহাতে সব লুটবো!

পড়ুক পথে ব্যথার পাহাড়
বালির মত কুটবো,
আসুক তুফান আসুক প্লাবন
ছুটবো আমি ছুটবো!

৮৭.স্বগতোক্তি

নেই তো মনে বিউটিফুল
ছিলাম কবে, বলে-
নিদেনপক্ষে ঘাসের ফুলও
হলেই যাবে চলে!

রইবো ফুটে অযতনেই
লুকিয়ে বনের কোলে,
চমকে লোকে উঠবে যেতে
পায়ের নীচে দলে!

থমকে খানিক দাঁড়িয়ে রবে
দেখবে দুচোখ মলে,
ভাববে আগে দেখেছে কি-
অতীত স্মৃতি তলে!

চাইবে শুধু পিছন ফিরে
যাবার বেলায় চলে-
বলবে মনে হতো ভালো
আবার দেখা হলে!

৮৮.স্বাধিকার সম্মান

মায়ের কোলে মেয়ে যেদিন জন্ম নিলি তুই
খুশির চোটে বাবা ভাবেন কোথায় তুলে থুই!
আদর করে সোহাগ ভরে বড় করেন তোকে,
মেয়ে হবে মহারানী স্বপ্ন দেখেন চোখে।

কাজ করতে দেন না তাকে, দেখলে হাতে ঝাঁটা,
রেগে বলেন করিস কি তুই ওরে মাথা মোটা?
শখ হয়েছে ঝি কি হবার? মারবো গালে চড়,
চুপটি করে মনটি দিয়ে লেখাপড়া কর!

দেখতে দেখতে সময় গেলো কন্যা হলো বড়ো,
অনেক খোঁজখবর নিয়ে করলো জোগাড় জড়ো।
মেনে নিয়ে সমাজ নীতি মেয়ের হলো বিয়ে,
জানতো কে আর দশা হবে রাজকন্যের ঝিয়ে!

আদর যত্নে মানুষ বলে হয়নি কাজে পটু,
দিনরাত তাই শুনতে হতো শাসন ভাষণ কটু!
ঘরসংসার করবে বলে চাকরি করেনি সে,
শুনতে হলো- রোজগার নেই বড়াই তবে কিসে?

না করলে চাকরি শেষে লাভটা পড়ে কী?
সাফ কর তুই ঘরদোর সব নইলে চরা ঝি!
সংসার না গোছাবি তো নবাবজাদি কোন?
বেরিয়ে যা রাস্তা খুঁজে মোদ্দা কথা শোন!

সব কাজে চাই অনুমতি নিজের কিসের সাধ?
আছিস এখন পরের ঘরে সব তোর বরবাদ!
গৃহস্বামী হত্তাকত্তা তেনার কথাই সব,

শুনতে হবে মানতে হবে তোকেই পরাভব!

বাবার ঘরে রাজকন্যে ছিলো যে এককালে,
হলেও সে সুশিক্ষিত এই কি ছিলো ভালে?
লোকে বলে বিয়ে দিলে মেয়ের হবে ঘর,
সত্যি কি তা? আজন্ম তো রয়েই সে যায় পর!

পরকে সুখী করতে শুধু জন্ম যেন তার,
কান্না মুখে হাসতে হবে এই হলো সংসার!
উঠ বললে উঠতে হবে বোস বললে বোস,
এইতো হলো মেয়ে হয়ে জন্ম নেবার দোষ!

আজ এসেছে সময় এবার ভাঙতে হবে তা-
এদিন যাবৎ চলেছিলো দমনপীড়ন যা !
সংসারে কি নেইকো নারীর সমান অবদান?
না পেলে সে নিক ছিনিয়ে স্বাধিকার সম্মান !

৮৯.রক্ষা করো বাংলা মাকে
(রম্যকবিতা)

ধর্ম যাদের চোখ নিয়েছে
বলবো তাদের কী?
গণ্ডগোলের মূলে যত
ভণ্ডগুলোই জ্বি !

ঝোলাক যতই গণ্ডে মালা
শুণ্ডে তাবিজ কার,
যতই বোঝাক ভুজুংভাজুং
দিক গে ফুঁক ও ঝাড়!

ঘোঁট পাকাতে জোট ক'রে সব
চাইতে আসে ভোট,
বলে বেড়ায় কান নিলো চিল
সবাই মিলে ছোট!

ভুলে তাদের পাতা ফাঁদে
কেউ দিওনা পা,
বোলো তাদের ছুটতে হলে
তুই ছোটগে যা!

গেলো গেলো দেশটা এবার
ঐ উঠেছে রব,
ধর্মজাতি নির্বিশেষে
এক হয়ে যাও সব।

বুদ্ধিটুকু শুদ্ধি করে
খুলে চোখ ও কান,

রক্ষা করো-বাংলা মাকে
হে চক্ষুষ্মান !

৯০.মরমের সাথী

তুমি ছিলে বলে মাধবীলতার
ক্রন্দন গেছে থেমে,
বিতানে যে তার আঁধার নিশীথে
জ্যোৎস্না এসেছে নেমে!

তুমি ছিলে বলে কাঁঠালচাঁপার
ঠোটে ওঠে হাসি ফুটে,
আঁধার ঘরের কোনায় সে আজ
মরে নাকো মাথা কুটে!

তুমি ছিলে বলে ভাবে না নিজেকে
নিঃসঙ্গ সে আর-
যুথিকা যখন দেখে আয়নায়
প্রতিচ্ছবিটি তার!

তুমি ছিলে বলে পড়ে নাকো ভেঙে
কৃষ্ণচূড়ার মন,
শত বেদনায় শত ঝঞ্ঝায়
হয়ে আর অচেতন!

তুমি ছিলে বলে শিউলি শাখায়
ধরে ফুল রাতারাতি,
থাকো চিরকাল ভ্রমরা এমনই
তুমি মরমের সাথী!

৯১.স্বপ্নসলিল

সবুজের ঘেরাটোপে
বাঁধা পড়ে ঝিল-
ভালোবেসে ভেসে যায়
হেসে খিলখিল!
ঢেউ তুলে হেলেদুলে
খেলে ঝিলমিল!
বিলিয়েই দিতে চায়
অকাতরে দিল!

যতদূর চোখ যায়
মনলোভা নীল-
মেঘমালা ঘিরে, রোদ
নাই একতিল!
রূপে তার মানি হার
বাধা হয় ঢিল,
সাধ হায় ছুটে যাই
খুলে দিয়ে খিল!

মন তাই হতে চায়
উড়ন্ত চিল-
পাখা মেলে চষে বায়
সুখে অনাবিল!
ধেয়ে চলে বেয়ে দাঁড়
স্বপ্নসলিল-
মন মাঝি কোথা আজি
বলা মুশকিল!

৯২.কবি কবি জাগে ভাব

গুরুগুরু মেঘ ডেকে
বরষণ এলো ওই,
মনে খুশি গদগদ
দীঘিসম থৈ থৈ!
রিমিঝিম রিমিঝিম
বাজে সুর নিক্কণ,
হাসিমাখা গাছপালা
পাতা তাই চিক্কন!
সন্ধ্যায় নেমে এলো
ঘনঘোর আকাশে,
ঝ'রে পরে হিম যেন
ফিনফিন বাতাসে!
ভাসে ধ্বনি ঝিঁঝিকুল
ভেকেদের হল্লার,
মন চায় খুলে গাই
গানে মেঘমল্লার!
প্রাণে খুশি মুখে হাসি
কানে সুর ঝংকার,
থেকে থেকে ওঠে রব
বজ্রের ডংকার!
চারিদিক মুখরিত
রিমিঝিম বরষে,
কবি কবি জাগে ভাব
তারই সুখ পরশে !

৯৩.যুক্তি

মনখারাপের কারণগুলো
শিকেয় তুলে রাখ,
জোগাড় করে খুশির আবির
পরান খুলে মাখ!

বের করে দে দুঃখ যে দেয়
তাকে হৃদয় হতে,
কোনমতে ঢুকতে নারে
হৃদের গোপন পথে !

দূর করে দে মনের যত
গ্লানির কাঁকর ধুলো,
পাছড়ে নিবি আছড়ে যত
দিয়ে ঝাঁটা কুলো!

পাত্তা কভু দিস না ওরে
কারো কটু কথায়,
দাঁড়িয়ে থাক বাঁশের মতো
নুইবি নাকো ব্যথায়!

নৈরাশ্যের মলিন কাঁথা
সরিয়ে দিতে শেখ,
কুড়িয়ে নিয়ে কলম সুখে
কাব্যগাথা লেখ!

৯৪.হারাতে শুধু চায়

হারাবার থাকে তার বহুতো উপায়
যে মন হারাতে শুধু চায়-
ভেসে যাওয়া মেঘের বলাকা পাখায়
ঘনঘোর আকাশের গায়!

রিনরিন সুর তুলে শিমূলের ডালে
ধিনধিন পাতাগুলি নাচে-
ফিনফিন বাতাসেতে যাক ডানা মেলে
ভোলামন ছুটে তার কাছে !

হাওয়ায় তরঙ্গ তুলে চঞ্চল জল
ধেয়ে চলে অনাবিল সুখে-
আছড়িয়ে পড়ে তুলে সুর কলকল
দীঘির সে পাড়টির বুকে!

মন আমার নিমেষে কেন যে হারায়
পাতায় পাতায় ওই ঢেকে-
লুকিয়ে আড়ালে যেথা থেকে থেকে গায়
বেনেবউ উঠে মিঠে ডেকে!

দীঘিতীরে ঝুঁকে থাকা গাছের সে তলে
জলের উপর ফেলা ছায়া,
ক্ষণেক্ষণে মনখানি টানে সেই স্থলে
না জানি কি আছে তার মায়া!

৯৫.আমি মন্ত্রী হবো
(রম্যকবিতা)

নতুন করে মনের কথা
আরকি আমি কবো?
বদলে বেড়াই দল কেননা -
মন্ত্রী আমি হবো!
বলের মত গড়িয়ে বেড়াই
দলের গোলে গোলে,
জার্সিবদল রোজনামচা,
মন্ত্রী হবো বলে!

দেশের ভালো,দশের ভালো
ওসব কে আর চায়?
আজকাল সব খুলতে কপাল
রাজনীতিতে যায়!
ক্ষমতাটাই লক্ষ্য সবার,
চড়বে ঢাউস গাড়ি,
গড়বে সাধের অট্টালিকা,
অর্থ কাঁড়ি কাঁড়ি!

সান্ত্রী সেপাই ঘুরবে পাশে
জ্বলবে গাড়ির বাতি,
হাঁকিয়ে চ্যালা ঘুরবে ফিরে
ফুলিয়ে বুকের ছাতি!
রাজনীতি তো তাকেই বলে
নেইকো যেথায় নীতি,
নিজের ভালোই দেশের ভালো
এটাই সেথায় রীতি!

চাকরি রুজির হাল হকিকত
দেখছো তো সব ভাই!
পিএইচডি, এম এ,বি এড
গড়ায় পথেই হায়!
পড়ায় ছিলাম অষ্টরম্ভা
বেকার কত রবো?
রাজনীতিতে নেমেছি তাই,
আমি - মন্ত্রী হবো!!!

৯৬.স্বয়ং কত রূপবান

বিশ্বে বিরাজে শতসহস্র তোমার সৃষ্টিকুল,
কোথাও তো নেই এতটুকু খুঁত এতটুকু ত্রুটি ভুল।
শত তরুলতা রকমারি ঢঙ রকমারি রঙে ফুল,
বিবিধ আকার প্রকারের ফল রসে ভরা টুলটুল!

আমগাছে আম জাম গাছে জাম কুলগাছে ফলে কুল,
যেখানেই যাই পৃথিবীর, নেই হেরফের একচুল!
জগৎ ব্যাপিয়া কতশত পাখি টিয়া পিয়া বুলবুল,
চেহারায় ও ডাকে বাহারেও নয় কেউ কারো সমতুল!

কোটি কোটি জীব পশুপতঙ্গ প্রজাপতি ভীমরুল,
কাউকে দিয়েছো নখর দন্ত কাউকে শুঁড় ও হুল!
মানুষকে দিলে হস্ত পদাদি বৃক্ষে শাখা ও মূল,
সবারে দিয়েছো সমান জীবিকা কোথা না অসংকুল!

পাহাড় বনানী সমতল মরু নদী ও সাগরকূল,
শত সুষমায় করেছো শোভিত হয়নি ভ্রান্তি ভুল।
যতনে সবারে করো মনোহর, রূপ না অপ্রতুল,
না জানি স্বয়ং কত রূপবান ভেবে হই বেয়াকুল!

৯৭.সন্তুষ্ট

চাই না বেশি চাই না বেশি
একটু পাওয়াই থাক,
বেশি পেলে হারাই যদি
বিগড়ে গিয়ে লাক!

যেটুকু পাই খুশিতে তার
প্রাণটা ধরে গান,
উলট পালট করে দেখে
জুড়াই নিজের জান!

লোভগুলোকে সামলে রেখে
শান্ত থাকি প্রায়,
থেকে থেকে মনটা আবার
করে বেগড়বাই!

পরান ওঠে খুশখুশিয়ে
আর একটু চাই,
জানলা দিয়ে মুখ বাড়াতে
ইচ্ছা করে তাই!

আবার ভাবি দরকার কী
যেমন আছি সই,
একটু পাওয়ার খুশি নিয়েই
সন্তুষ্ট রই!

৯৮.ধন্য সে জীবন

ধন্য তো সে জন-
দেখলে যার ঐ মুখাবয়ব
প্রশান্ত হয় মন!
ধন্য সে জনম-
মুখের কথা শুনতে যার ঐ
চিত্তে আকুলপন !

ধন্য তো সে জন,
সান্নিধ্য পেতে যার ওই
হৃদয় উচাটন!
ধন্য সে জীবন,
যার ভাবনায় মনন ভরায়
সুখানুধাবন!

ধন্য তো সে জন-
তৃপ্তি আসে স্মরণে যার
অন্তরে সবক্ষণ!
ধন্য সে জনম-
সংশ্রবে যার সমৃদ্ধ
বানায় এ চেতন!

ধন্য তো সে জন,
সঙ্গতে যার হয় ঋদ্ধ
জ্ঞানের অন্বেষণ!
ধন্য সে জীবন'
যার বিহনে বসুন্ধরার
শোকাভিভবন !

৯৯.অগ্নিলাভা

গাইবি সারি বাইবি তরী
লক্ষ্যে রয়ে থির,
আসুক বারি তুফানভারি
রইবি তবু ধীর!

আসুক মরণ করবি বরণ
করবি নাকো ভয়,
লড়বি রণে জীবন পণে
তবেই হবে জয়!

লাগুক পিছে টানুক নীচে
শক্ত হাতে হাল-
রইলে ধরে দেখবো করে
কে- সে- বেসামাল!

শানবি মসি হানবি অসি
মুচড়ে দিয়ে হাত,
রইবি ধরি, রুখবি অরি
করবি তারে কাত!

যাবি লড়েই য'দিন ধড়ে
থাকবে জেগে প্রাণ,
চিত্ত দৃঢ় রইবি চির
ছাড়বি নাকো দান!

থাকলে লগন রইলে মগন
সাধন হবে লাভ,
বাঁধন দিয়ে অগ্নিলাভার
স্রোত- কে পারিস? দাব!

১০০.সঞ্চয়েতে থাক

কপাল ভালো এই দুনিয়ায় জন্ম নিলাম তাই,
তুষ্ট থাকি যা পেয়েছি, কাল আছি কি নাই!

হেথায় এলাম তাইতো পেলাম দেখতে এমন সাজ,
রঙবেরঙের সৃষ্টি কত এই দুনিয়ার মাঝ!

হরেক রকম পশুপাখি শতেক তাদের রূপ,
পাহাড় সাগর সবুজ কানন মায়ায় অপরূপ!

আকাশ বাতাস বৃষ্টিবাদল প্রখর রবির কর,
ঝর্ণা নদী জ্যোৎস্নাশীতল স্নিগ্ধ শশধর!

পিতার স্নেহ মায়ের আদর ভাইবোনেদের সাথ,
কতই আপন বন্ধুজনের বাড়িয়ে দেওয়া হাত!

দুখের দহন সুখের প্রলেপ কান্নাহাসির ধুম,
মধুর স্মৃতি প্রেমের প্রীতি স্বপ্নমাখা ঘুম!

পেলাম না যা রাখ না হিসাব,সে খেদ চুলোয় যাক!
যেটুক পেলাম ধন্য হলাম, সঞ্চয়েতে থাক !

www.ingramcontent.com/pod-product-compliance
Lightning Source LLC
LaVergne TN
LVHW100328181026
850499LV00039B/1022
* 9 7 8 9 3 5 4 5 8 0 0 4 8 *